民国书评汇编

叶 新 周伟俊 编

知识产权出版社
全国百佳图书出版单位
—北京—

图书在版编目（CIP）数据

民国书评汇编/叶新，周伟俊编．—北京：知识产权出版社，2021.4
ISBN 978-7-5130-7489-6

Ⅰ.①民…　Ⅱ.①叶…　②周…　Ⅲ.①书评—中国—民国—汇编　Ⅳ.①G236

中国版本图书馆CIP数据核字（2021）第064414号

内容提要

本书汇编了民国时期的书评，有翻译家徐霞村的《关于章译〈忏悔录〉之商榷》、翻译家钱歌川的《古有成翻译的〈加力比斯之月〉》、梁绣琴的《伍光建译〈洛雪小姐游学记〉》等精彩书评等共计39篇，评论者或从翻译家的角度评析作品的翻译问题，或从作品本身讲述作品的内容，39篇文章选自16种刊物，较为全面的呈现了民国时期译作的面貌。

责任编辑：阴海燕　　　　**责任印制**：孙婷婷

民国书评汇编
MINGUO SHUPING HUIBIAN
叶　新　周伟俊　编

出版发行：	知识产权出版社有限责任公司	网　　址：	http://www.ipph.cn
电　　话：	010-82004826		http://www.laichushu.com
社　　址：	北京市海淀区气象路50号院	邮　　编：	100081
责编电话：	010-82000860转8693	责编邮箱：	laichushu@cnipr.com
发行电话：	010-82000860转8101	发行传真：	010-82000893
印　　刷：	北京中献拓方科技发展有限公司	经　　销：	各大网上书店、新华书店及相关专业书店
开　　本：	720mm×1000mm　1/16	印　　张：	10.75
版　　次：	2021年4月第1版	印　　次：	2021年4月第1次印刷
字　　数：	200千字	定　　价：	69.00元

ISBN 978-7-5130-7489-6

目　录

書評

關於章譯「懺悔錄」之商確

徐霞村

盧騷的懺悔錄最近在中國出了兩種譯本，一種是張競生博士的（世界書局出版）一種是章獨先生的（商務印書館出版）。關於前者我並不想說什麼話，因爲牠雖是意譯的，而且在量上比原文少了一半，可是牠的譯筆還算簡潔可讀，而且，如果我們不去吹毛求疵也找不到什麼可笑的錯。不幸章先生的譯本却太不能使人滿意了：譯筆的艱澀還不用說，只在誤譯一方面，我在前二十面就找出了五十多個！本刊的讀者常常來信叫我們批評別人的譯文，我覺得這種工作對於批評者雖然是無聊的，牠的自己却還不失爲重要的；現在就讓我把前面的重要的誤譯舉出幾條，以與高明的讀者和章先生作作商確吧。

(1)原文：J'ai pu supposer vrai ce que je savais avoir pu l'être jamais ce que je savais être faux.

章譯：總之，我自己能眞實了，我所知道的也就眞實，也就不會有虛僞了。（第二頁第一行）

商榷：此段的意思是：『我所認爲眞的至少是我自己信爲可能的，決不是連我自己都明知爲假的。』但是，上帝知道，章先生說的是什麼呢？

(2)原文：Le sort, qui semblait contrarier leur passion, ne fit que l' animer。

章譯：若是這愛情的運命有了阻礙，他們只要增加他們各自的本眞。（第三頁第五行）

商榷：這個句子本來一點都不難懂，牠的意思是：『命運雖然在外表上似乎阻礙了他們的熱情，實際上反使牠更加活動起來。』但是經章先譯成了什麼「本眞」等字，就連神仙也看不懂了。黨國要人蔡元培先生在本書的序裏說：『……不但句字斟酌，一點不肯含糊，』……對不起，我却覺得本書『非常含糊。』

(3)原文：Ma mère avait plus que de la vertu pour s'en défen dre: elle aimait tendrement son mari.

章譯：我母親因爲爲抵抗這種引誘，她的貞操格外堅強，對她良人的愛格外濃摯。

（第五頁第一行）

商榷：這與原文的意思完全不對。如果把原文意譯出來那應是『我的母親不單有節操來防禦她自己還有她對她丈夫的眞正的愛情。』

（4）原文：Il croyait la revoir en moi……

章譯：他想到了她，就要看到我。（第五頁第五行）

商榷：此句應譯『他覺得我就是她的代表。』

（5）原文：Quarante ans après l'avoir perdue, il est mort dans les bras d'une seconde femme, mais le nom de la première à la bouche, et son image au fond du coeur.

章譯：我父親雖是在我母親去世的四十年後，他不與他第二個婦人永別，但是前妻的名字總是不斷地的掛在口上，就此可知其留在心坎裏的印像了。（第六頁第二行）

商榷：此段應譯『雖然在她死後四十年他才在他的後妻懷中死去，但死的時候仍舊把他前妻的名字掛在口上，把她的影子藏在心坎裏。』祗譯『他才與他第二婦人永別』是不夠的，因爲讀者不能明白是「他」死還是「第二婦人」死。

（6）原文：Tels furent les auteurs de mes jours.

章譯：像這樣造我生命的主宰。（第六頁第六行）

商榷：這句譯文不但沒有把原意達出，並且

連動字都沒有。似宜譯作：『這就是生我的人。』

（7）原文：Nous ne pouvions jamais quitter qu'à la fin du volume.

章譯：讀完了一册又一册，終是不能停止。（第七頁第七行）

商確：這句話的意思祇是：『我們不完卷不能放手。』並沒有說『讀完了一册又一册。』

（8）原文：Je n'avais aucune idée des choses que tous les sentiments m'étaient déja connus. Je n'avais rien conçu, j'avais tout senti.

章譯：實際上雖無所屬意，但是所有的事情是被我了解了。我雖一點不去想像，我會感覺。

商確：此段宜譯：『除了我的情感教給我的以外，我一無所知。雖然我什麽都不明白，我却一切都能感覺。』

（9）原文：les "mondes" de Fontenelle, ses "Dialogues des morts", et quelques tomes de Molière……

章譯：馮得賴兒氏的世界，莫立愛氏的鬼語……（第九頁第一行）

商確：原文明明說着：『馮得賴兒的宇宙，鬼語，和幾卷莫立愛』但是在章先生的譯文裏，馮得賴兒不知道什麽時候竟把他的鬼語的版權賣給莫立愛了。

（10）原文："De ces intéressntes lectures, des entretiens qu' elles occassionnaient entre mon père et moi, se forma cet esprit libre et républicain, ce caractère indomptable et fier, impatient de joug et de servitude, qui m'a tourmenté tout le temps de ma vie dans les situations les moins propres à lui donner l'essor.

章譯，從這些有興味的書籍裏，我們父子間為着這些東西發生了許多談論，自此便養成愛自由愛共和的精神。我那倔強自尊的性質，耐不得壓迫，因之我一生的苦惱，就在這種心地裏頭，不過最少對於我也增了些奮發氣。』（第十頁第二行）

商榷：此段的原意只是：『從這些有趣的讀物裏，從牠們使我們父子中間發生的討論裏，便造成了我的自由和共和的精神，便造成了我的傲慢不馴的性格，不能受一點束縛和壓制，使我一生在與牠最不利的環境中受了許多苦痛。』不知道章先生這句「不過最少對於我也增了些奮發氣」是盧騷先生告訴他的呢，還是自己杜撰出來的？

（11）原文：Je ne le voyais presque point, à peine puis-je dire avoir fait connaissance avec lui; mais je ne laissais pas de l'aimer tendrement, et il m'aimait autant qu'un polisson peut aimer quelque chose.

章譯：我差不多總看不見他，即或會見了的

時候，我也同他講些趣味的事，但是我不願意他那樣愛我，因為他那種的愛。好像那頑童歡喜什麼東西的愛。（第十二頁第三行）

商確：親愛的讀者們，我現在把原文譯在下面，請你們自己去比較二者的差別吧；

『我幾乎總見不到他，我簡直不能說認識他；但是我仍舊非常疼愛他，他也像一個頑童愛什麼東西一樣愛我。』

（12）原文：Il y en a un surtout qui m'est bien revenu tout entier quant à l'air; mais la seconde moitié des paroles s'est constamment refusée à tous mes efforts pour me la rappeler, quoiqu'il m'en revienne confusement les rimes.

章譯：這些歌裏，只有一個，我完全記得牠的調子，不過二段的詞句，因為我拚命的追想那曲趣，所以想不起詞句了，並且連韻也記混亂了。（第十四頁第十行）

商確：這句應譯『其中特別有一個歌，牠的調子我還完全記得；但是後半的詞句我卻無論如何想不起來了，雖然韻脚我還隱約地記得。』既不是因為「拚命的追想那曲趣」才「想不起詞名了，」也不是「連韻也記混亂了。」

（3）原文：Je cherche où est le charme attendrissant que mon coeur trouve à cette chanson: c'est un caprice auquel je ne comprends rien, mais il m'est de tout impossibilité de la chanter jusqu'à la fin sans être arrêté par mes larmes.

章譯：我自己思索，這個歌究竟在什麼地方使我發生這種興趣：這不過因為是一個衝動，但是這個衝動，我完全解釋不了；其實就是因為這些歌曲，使我一點也思索不出來；所以到後來沒有東西能阻得住我的眼淚了。（第十五頁第十行）

商確：這眞是「不知所云！」還讓我譯出來吧：『我常常要問，這首歌到底有什麼地方這樣迷我呢：這是一個我完全不明白的衝動，但是我沒有一次唱這首歌的時候不為我的眼淚所噎。』

（14）原文：Mais je suis presque sûr que le plaisir que je prends à me rappeler cet air s'évanouirait en partie, si j'avais la preuve que d'autres que ma pauvre tanteSuson l'ont chanté.

章譯：我簡直敢決定，假使就有人能唱這個歌曲，但是那趣味，一定比我那可憐的姑母要少了一半。（十六頁第二行）

商確：這照例又和原文離開了十萬八千里。如果把這句話譯出來，那應是：『我幾乎敢擔保，如果我知道除了我的可憐的姑母蘇松之外還有別人會唱這個調子，我對於牠的回想的樂趣一定就要減少一半。』

（15）原文：Deux ans passés au village adoucire-

nt un peu mon âpreté romaine et
me ramenèrent a l'état d'enfant.

章譯：在這村上過了兩年，倒使我染了些羅馬的粗暴習氣，好像恢復到兒童的狀態。（第十八第二行）

商確：校到這裏，我忽然對於章先的視神經的健康懷疑起來了，因為，不然怎麼原書上明明說着『減輕了我的羅馬人的粗氣，』他硬要把牠譯成相反的意義呢？

(16)原文：C'était un grand garcon fort efflanqué, fort fluet, aussi doux d'esprit que faible de corps, et qui n'abusait pas trop de la prédilection qu'on avait pour lui dans la maison
comme fils de mon tuteur.

章譯：我表兄是很瘦很長的柔弱的身體，是一個很意軟的青年，在房間內的時間，他不喜歡人對他嬉戲消耗他的正事，倒眞是像我教導人的兒子。（第十九頁第一行）

商確：章先生在他的序裏說：『我譯的方法，既非直譯，亦非義譯，』那麼，恐怕是『胡譯』吧？如果有人覺得我太不客氣，那麼請看下面的拙譯，就可以知道他的錯是怎樣地荒謬了：『他是一個很細很瘦的青年，身心都是同樣地軟弱，他並不因為他自己是我的保護人的兒子而濫用別人給他的偏愛。』

(17)原文：Cependant elle ne manquait pas au

besoin de sévérité, non plus que son frère;

章譯：蘭柏錫女士雖也是用的嚴緊，卻不比她兄弟的方法加甚。（第二十頁第十二行）

商榷：這句話即使叫一個初讀法文的小孩子來譯，大概也不會譯這樣。這 non plus 是跟着上面的 ne manquait pas 來的，把全句的意思譯出來，就是：『可是她也有時用嚴厲的手段，正如她的弟兄一樣。

翻譯的錯誤並不是不可恕的，因爲即使本國人讀本國人的作品有時都要遇到雙關的或難解的地方，但是如果那些錯是由於語言程度不夠，像譯這本書的章先生一樣，那譯者就要對他自己的大膽負責了。

古有成翻譯的加力比斯之月

錢歌川

中國現在的出版界，消沈到了萬分，大書店僅致力於學校用的教科書，而小書店則氣息奄奄，危在旦夕。在這可憐的狀態之下，比較還出幾本書的，自然只有一家資本較大的商務印書館了。即以介紹西洋名著而言，它也是一個努力的介紹者。譬如美國現存的大戲曲家奧尼爾(Eugene O'Neill)，別家就嫌他對中國的讀者太生了，不願出他的東西，而商務却同時出了兩本，這種認識是我們應該贊許的。美國的文學，早已有了它的地位。奧尼爾有『現代美國莎士比亞』之稱，在文學上自然不可忽視。商務現在所出的為古有成先生所譯的加力比斯之月和天外。兩書原文，都極優美；古先生的翻譯亦煞費苦心。我曾睹讀加力比斯之月，覺得譯者對於這種俚語滿篇的書，能了解到這種程度，很是難得。惟譯文中仍有耐人尋味之處，讀來不甚了了。茲就加力比斯之月（The Moon of Caribbees）一劇，將其中有待商確的地方，擇其要者略舉出來，以請教於原譯者和其他讀者諸君。

古譯第六面第十一至第十二行，『你們願聽他們黑人嗎？』這實在不是一句中國話。原文"Will ye listen to them naygurs?"的意思是『你們聽見那些黑人唱歌嗎？』，並無一個『願』的意思。

同書第七面第七行，『一個肥大的救火者』。按"fireman"一字，商務的綜合英漢大辭典上，第一義雖作『消防隊』『救火者』，但在這兒却應譯作『火夫』才對。因為船上不比陸上，燒火的人比救火的人更為必要。參看同書第十八面 Paddy 罵 Cocky 為 deck-scrubbin' shrimp(洗甲板的矮鬼)，同時 Cocky 反罵他為 Blasted coal-puncher ，水手與火夫之爭，顯然可見。譯者為什麼要把 Paddy 等 firemen 譯作『消防隊』？難道世上竟有抱着煤炭去救火的嗎？

同面第九行，『葬禮是什麼意思？』原文為"What d'yuh mean, bury?"，應作『你說什麼，送葬？』第十行『我想，這種聲音有些不好。』按原文"I guess this guy went down the wrong way"中的"guy"一字，是一個美國人天天說的字，即等於英國人的 fellow ，古先生爲什麼要把它譯作『聲音』？ 商務印書館的編譯者似乎也很輕視美國語的存在，所以在綜合英漢大辭典上，既不收此字，在本書排校時也不屑注意到這些小節。

同書第八面第三行，『儘量的吹罷』。 按 "Spin dat yarn" 是一句俗語，即等於 "Tell that story." 古先生似因爲聽了 Cocky 說，他比 Max 見的世面更多，所以代 Max 抱着不平，大膽地罵 Cocky，要他少吹點牛皮！又第六行『自遨爾恩德來的』。 查原文 'ailed from Mile End" 中之 'ailed 一字等於 hailed，不作『來』字解。 又第七行，『第二個吹牛的戈克忌，你的影子罷！』 按原文爲 "Another lyin' Cockney, the loike av yourself!"，應譯作：『他大約也是和你一樣的，一個會撒謊的倫敦人吧！』 Cockney 是『倫敦人』的意思，與本劇中的登場人物 Cocky （古譯作戈克忌） 並非同爲一字。 loike av 等於 like of，意爲『同樣』。

同書第九面第二行：dope 是一種興奮劑，此地是說使人興奮的話，並不是古先生所說的『假膏藥』。 又第三行『要是你不願意，我們給你海水浴的話。』 古先生覺得海水浴未免來得太突然，似非普通讀者所易理解，所以特在中國字下，又用括弧將原文 ducking 標出，其譯時的苦心，於此亦可想見。 全句原文爲 Close that trap if yuh don't want a duckin' over the side. 其大意爲『要不閉住你那張嘴，我就要把你擲進水裏去』。 因爲 trap 是俗語的 mouth 而 ducking 則原爲將頭浸入水中，入水即出的意思，這並不像夏天洗海水澡那樣舒服。 同面第五行：『你這傻氣的啞子』。 原文 Yuh crazy mut! 是一句罵人的說話，即等於說 You fool! 不幸商務的綜合英漢大辭典上，沒有 mut 這字，而只有一個作啞子解的 mute，所以使古先生竟無理地將這個會說話的人罵作啞子了。

同書第十二面第一行：『酒的問題怎樣了？』原文爲 Rummy go, what? 我想此地的 Rummy go 應該譯作 It is a wretched, unhappy thing to hear. 因爲Rummy 等於 rum 等於 queer，或 odd，若說 rum 是酒，則用 rum好了，爲什麼要用 rummy 呢？

第十三面第一行：『我敢拿一天的工錢來打賭。』原文爲 I'll bet me whole pay day. 查 pay day 是發薪水的日子，本句意爲將我一個月的薪水全部賭了。 同面第三行：『可以稱爲能夠辨別輪船甲板和帆船後帆的水手。』 這句譯文的意思，我不知道讀者有幾人能懂得。查原文 Wud be sailors enough to know the main from the mizzen on a windjammer. 意思是說眞正知道船上一切事體的水手，因爲 the main from the mizzen 是後帆與主帆之別，卽從頭至尾船上到處之意。main 和 mizzen 都是指 windjammer (帆船)上的，並不必又新加一條『輪船』進去。

又第十五面第八行：『她們搖得像裙一樣。』 原文爲 They paddle like shirts. 將裙斂代女子，中西一樣，中國許多學者因蔑視美國語，所以商務的綜合英漢大辭典上， shirt 一字只有裙，裾，邊等意，而不知美國當作 girls or women 用的時候多，中國惟一的英漢大辭典上既無根據，所以古先生也就只好照字面直譯了。

又第十七面第十行：『誰是那個東西？』 按 whots' that? 卽 What's that?，意爲『你說什麼？』

又第二十面第四行：『他眞是滑稽的老鬼。』 原文 E' ain't arf a funny ole bird. 此句應釋作 He isn't half a funny old fellow (他是一個沒有一點情趣的人)，而譯者恰恰把意思弄反了。

第廿三面第一行：『你要來打趣我們嗎？』 按原文 D'yuh wanta queer all of us? 意爲你想使我們都鬧不成功嗎？ D'yuh wanta queer 等於 Do you want to spoil. 這個 queer 卽是說 spoil the effect or success of, as by ridicule ，這可不是玩兒。

又第三十五面第二行：『再也沒有人敢來此地調戲你了——我跑開的時候也沒有。』 There ain't goin' to be no welchin' on little Bright Eyes here—not when I'm around. 此句應譯作可愛的人兒是不許有人欺騙的，至少我在旁邊的時候是不行的。 Welching 原意爲借錢不還，轉而成欺騙之意。 不知古先生的字典上，爲什麼會多一個調戲的意思的。 Around 是在周圍，不是跑開去。

又第卅五面的最後一句，古譯作『跳舞可使你解解悶。』 查原文 'Tis dancin'll take the blubber off ye 意思是說跳舞可以使你消瘦一點。 因 blubber 一字有鯨魚的脂肪等意，爲水手間的常用語。

又第卅七面第十行：『帶他去能，我可替他用綁帶紮裹起來。』原文為 Take him aft and I'll bandage him up! 分明是 Take him aft，編者偏要將它譯作 Take him off，不是太不負責了嗎？ 其實，他是說把那人送到船尾去，他好去替他紮裹。 Aft 等於 in the stern.

短短的一個獨幕劇，大概校閱一下，已經發見了上面這許多錯誤，眞教我們讀書的人太苦了。 譯者是翻譯界的老手，發行者是出版界的第一家。 這主要自然應歸咎於譯者，但出版者也不能不分點責任。 因為一部書做得壞或譯得錯，若不出版，都無關重要。 不好的書一經出版，便要流毒社會。 大的出版家廣羅許多人才，終日孜孜在從事于編譯，過於荒唐的書，若一定要為其出版，縱不說全部改正，至少也得審查一下，然後去印才對。 書籍到底與別的貨物不同，不能只為圖利，便把劣貨攙進去賣。 別的貨物的好壞，容易看出，書的好壞，就難評價了。 就說翻譯書罷，看得懂原文的人，買原書去了，買翻譯書的人，大都是不懂原文的。 所以譯的好與不好，很難有人發見，譯者名聲一大，遺誤更深，譬如我們都聽得周越然先生的英文好極了，若梁實秋先生不批評一下，誰曉得他會在見聞雜記上鬧那種笑話？

伍光建譯洛雪小姐遊學記

梁繡琴

商務印書館發行
二十一年十一月初版
上下二冊　五八一頁
定價大洋一元八角

伍先生是著述界的老前輩，對于翻譯尤有貢獻，所以我在未讀他的譯品以前，心裏先就有了敬仰之意。 伍譯的小說很多，批評他的都說他的譯筆流利，酣暢有餘，這是一個顯然的優點，凡是讀過他的譯本的人都能明白看出的。 但伍譯還有一個優點，便是他的選擇很嚴。 凡是他所翻譯的小說，都是有些本身價值，值得介紹的。

這本洛雪小姐遊學記，是維多利亞時代英國一位女作家的最成熟的一部作品，在英國文學上享有盛名。 其中有許多事蹟是作者親身所經歷的，描寫得非常深刻。 它的結構，亦甚緊湊，更多有趣的穿插。 因為字裏行間不乏諷刺的意味，所以對話總是機巧而有趣。 伍先生譯這部書，充分表示了他所絕對不嫌缺乏的優點。 但為求全之故，評者還想指出一些缺陷：第一是序文太短，未盡介紹之職。 須知一個細心的讀者，拿到一本好的作品，總要知道它的作者是誰，背景如何，因為這些可以增加他的研究趣味。 伍序僅百餘言，對於這些未能顧及，甚至於使讀者讀了以後還不知道作者是男是女，確是美中不足之點，令人覺有遺憾。 第二是刪削太多，不免潦草塞責。 大概伍先生還有一點小孩子脾氣，喜歡追求故事的結果，所以趕快的要看結局如何，能縮短的便縮短，能跳過的便跳過，只要不妨害故事的進行，那末，去掉若干字句或段落，滿不在乎。 除在一處(第三十六回末尾)聲明『恕不照譯』之外，對於其他的被棄部分，伍先生都很慷慨，一律不加說明地隨便割愛！ 但是『仁者見仁，智者見智』，伍先生所認為不妨犧牲的廢物，有許多，從我們看來，却是很好的描寫，或且流露着著者所願表示出來的意見，經過了這樣的翻譯與刪節，原作不免為之減色，似乎有點可惜。 第三是性情太急，不耐覆案，以致字句尚有誤譯，就是欠妥欠通的地方亦屬不免。 對這一點，換了一個別的譯者，我們儘可不說，因爲疏忽之處，不過偶爾發現。第四是譯本不用新式標點，以致原來的語氣，多少不能充分表現。至於分段之不全照原文，我們可以視爲當然，因爲譯者既把原文任意删節，便不得不把賸下來的斷片酌予併合。

我在下面，將先介紹著者的生平——這原該是伍先生自己做的一段工作，現在由我來補充罷。再略述洛雪小姐遊學記的故事的綱要，或者可有引起讀者興趣的功效。最後，我請略指伍譯的錯誤和遺落，以供讀者參考。

一　著者的生平

夏羅德布倫忒(Charlotte Bronte)生於一八一六年四月廿一日，死於一八五五年三月卅一日，爲潘推克布倫忒(一七七七——一八六一)之女兒。她上面本有兩個姊姊，都在幼年死去。下有一弟，名布安威(一八一七—一八四八)。兩妹一名愛米萊，一名安。三姊妹俱以小說聞名，而以夏羅忒爲最。

她的父親是一個受過很好教育的人，亦能作些詩文，除出兩册詩集，兩本小說(一八一八年)之外，還曾發表過關于天主教解放的書信。

一八一六年，約當他的婚後五年，潘推克因就薩頓地方的永久副牧師職，從他結婚的地方哈特西遷到此地，夏羅德以下的孩子都是生在此地。一八二〇年時，潘推克改就哈烏斯永久副牧師職，於是全家又移居。哈烏斯是一個鄉村，居民多不信仰國教，但對潘推克却有敬畏之意，因他性情熱烈，行爲古怪，對於家人的管束尤其嚴厲。第二年，他的太太死去，家務便由她的妹妹伊利沙伯布安威來管理。一八二三年時，附近開了一個專收牧師們的女兒的學校；潘推克便於次年送了四個女兒進去。這個學校，辦得非常不好，過一年就發生時疫，兩個較大的女兒同時染病死了。夏羅德在她的小說 Jane Eyre 中，就是描寫着這幕悲劇。從此以後，三小姊妹便在家裏讀書，由布安威小姐親自教育，而男孩子的功課則由父親指導。這時，因爲兩姊早夭，夏羅德已經算是最大的孩子了。她曾領着弟妹們編一『書目』，在這裏面，人們可以看出她們的想像能力，也可以看出她們已經受了父親的守舊偏見。一八三〇年時，夏羅德又進學校——烏萊小姐的學校。在這裏，她就認識了她的好友瑪利瑪薩兩姊妹和愛爾南塞小姐（她們後來都被描寫在一部名爲 Shirley 的小說裏面）。一八三二年時，她又脫離學校，回家自修。

布倫忒全家都有音樂的嗜好，布安威尤其喜歡圖畫和音樂。他似乎是一個很有希望的青年。於是，爲了他的繼續求學起見，夏羅德便到烏萊小姐的學校裏去担任教職。同時，愛米萊跟了她去求學。隨後，安也來了。但愛米萊不久便離其姊，到旁的地方教書去。此後，夏羅德的身體漸漸衰弱，烏萊學校的新環境頗於病體不宜，而安又於一八三七年時發現了癆病的現象，於是姊妹們不得不回哈烏斯去。

此後數年，愛米萊留在家裏。安從一八三九年起做了保姆——她的一生的光陰都是如此消磨。夏羅德呢？她正徬徨歧途！她也做過幾年的保姆，可是終不願做。她也得過男人的鍾情，可是兩次未允。她曾寫過小說給華茲渥斯看，寫過詩給叟西（Southey）看，表示她有從事於文學的志願，然而他們的回答，似乎不能償其所願。最後她和愛米萊去接辦那個烏萊小姐所讓給她們的學校，總算有了着落了，而她們又自覺得外國文的智識，不免缺乏，於是，姊妹倆于一八四二年時隨其父親到比國去留學。她們進的是不魯塞爾的埃傑夫婦學校。

埃傑先生是一位有才能而宗教色彩很重的人，暴躁而仁愛。他卽刻看出這兩個新女學生的天才。他特別指導她們，常有驚人的成績。這時，她們的老朋友瑪利和瑪薩姊妹都住在此地。瑪薩的死，給她們一個重大的打擊。同時，她們接到布安威小姐的死訊，於是同回哈烏斯去。不久，夏羅德應了埃傑先生的聘請，又到不魯塞爾去。她在那兒做了一年的教師，本已覺得無味，又聞老父雙目失明，便於一八四四年時回到哈烏斯去。

這幾年來，布安威學畫不成，吃上鴉片，行爲放蕩，頗使他的姊妹們感覺失望。他的壽命雖不甚長，活到一八四八年時就死去了，而他那種悲劇式的生命，却給姊妹們以深刻的印象。這些印象，有一部分自然要成爲她們的小說材料。

一八四六年時，父病漸愈，三姊妹又轉攻文學。這時，夏羅德發現了她的兩妹已有詩的作品，於是三人便用假名印一小册。她們後又繼續出了兩部小說，夏羅德的 Jane Eyre 便是其中之一。

不幸的遭遇接連出現：愛米萊在布安威死的那年，患着癆病死去（有的批評，以爲她在姊妹中地位最高。但在她的小說Wuthering Heights裏面，顯示出布局的笨拙和缺少夏羅德那種寫實的能力。她的文體，雖然是美麗的，而不能得大衆的賞識）；翌年，安也患着癆病死去。於是，三姊妹中只賸了一個夏羅德和老父同居。她在這樣的厄運中間，對於著作依舊努力。除在一八四九年時出了一部Shirley之外，又於一八五三年時完成了她的最後一部的作品——Villette。因爲身體衰弱，這是一部時作時輟而非一氣呵成的產物。

經過了多年的奮鬥，夏羅德是已經成名了。她和文學界的人物（Thackery是她所最敬仰的）從此便有來往。一八五四年時，她又放棄了獨身主義，接受了前所不允的邀請，變爲納庫（Nicholl）夫人。生命的樂趣，正在開始，而她竟於婚後一年便死！她的父親又活了六年，丈夫則至一九〇六年時死去。

二　本書的情節

本書原名Villette，伍譯作洛雪小姐遊學記。全書以洛雪小姐爲本位，故事完全由她敍述出來。

洛雪小姐是一個脾氣古怪，有決斷，能吃苦的女子。她的生活都在外面流浪，她的乾娘比列頓夫人住在比列頓地方。某年，她在乾娘家裏遇到一個比列頓的親戚朴理小姐。那時，她還是一個重情感極鎮靜的六歲女孩子。她的父親出外遊歷，把她寄居在那裏。她和她的父親相依爲命，父親離開後，她漸漸的把感情注在比列頓夫人的兒子伽林身上。他是十六歲的少年。不久朴理隨了父親去了，洛雪也囘到自己的家裏。

八年後，洛雪給一位孟士瑪小姐做伴姆。不久，孟士瑪死了，她到倫敦去求新的生計。由倫敦啓行，在海船上遇到凡索小姐。她到Villette去就學，介紹洛雪到那裏的瑪當貝克學校裏做事。

在Villette——一個講法文的地方——洛雪起初做保姆，隨後在瑪當貝克女校做英文教師。瑪當貝克的手段很兇；她有一個親戚，保羅先生，也在這裏教書。保羅之爲人，雖很慷慨，雖很仁慈，但脾氣則異常暴燥。凡索在這校裏，情人很多，其中有一個是約翰醫生，還有一個是哈麻爾。前者是一個多情而能幹的少年，後者是一個放蕩而浮華的子弟。 在這裏，作者把男女青年的各種戀愛方式，寫得一覽無餘。

因爲偶然的遇合，洛雪復與比列頓夫人相聚，並且認明約翰醫生便是她的兒子伽林。 原來比列頓夫人早已來到此地，伽林行醫，和洛雪整十年不見了。 于是洛雪和他們又親近起來。

又一次偶然的遇合，她和扑理小姐會見。 她的父親巴桑坡帶她旅行到此。 扑理此時，已是一個有智慧而很幽靜的十六歲的女子。 凡索和他們是親戚，洛雪和他們是老相識，所以大家不斷往來。 伽林見了扑理以後，深深的敬愛扑理，打消了對于凡索的癡情。 同時，扑理也愛伽林。 在這裏，著者很能描寫出父女之愛和男女之愛的衝突。

保羅先生是一個執拗爽直而有熱忱的人。 他自初便關心洛雪。 洛雪起先是討厭他的，但不久便窺見了他的純潔樸質。 他們倆雖然時常吵架，而愈吵架愈相了解。 保羅先生在情場上有過一回傷心的經驗，曾經受過很大的打擊，因此，他和洛雪的戀愛又是與衆不同的一種方式。

結果，凡索與哈麻爾結婚，糊裏糊塗的過活。 伽林和扑理結婚，家境日見其好。 至於洛雪，則又經了許多挫折困難而終于和保羅結婚。

三 伍譯的錯誤

（我所根據的是The World's Classics本）

（一）開卷第一回第八頁第一行：『覺得眼睛有水點子』。 原文是 A trickling of water caught my ear，應該譯爲『我聽見滴水的聲音』。 這是以耳爲目，不是以耳代目！

（二）第五十頁第四行：『有一天星期五晚上』。 原文是 One February nignt，應該譯爲『一個二月裏的晚上』。

（三）第七十二頁第二行：『我交給他』。 原文是：and as he half-snatched them from my hand,……，應譯做『他從我手裏半搶半奪了去』。

（四）第七十五頁第五行：『又落大雨』，原文是……and the small soaking rain，意思是『淅瀝的小雨』。

（五）第九十一頁倒數第二行：『瑪當，菲菲要我呢』。 原文 But Fifine want it 中之 it 是指上面的『圍身』

(Pinafore)，不是指『我』。

（六）第一〇一頁第七行：『伊沙巴是年紀大些』。按其原文爲 Isabelle was an odd,……。譯者顯而易見的誤把“odd”看作“old”了。

（七）第一二九頁第三行：『……曉得天主教在屋裏祈禱』。這句的譯文，非但不合原意（……曉得奉天主教的全家正聚起來做晚禱），而且文理欠通。『天主教』如何能祈禱？

（八）第一四一頁第八行：『令我感動到幾乎要笑』。原意是幾乎要哭，不是幾乎要笑。這恐怕是筆誤，或係所謂手民之過，因爲笑哭二字有點相像。

（九）第一八八頁第五行：『也許諸位都是對的，原是我錯』。按其原文爲 perhaps you are all right: and perhaps, circumstanced like me, you would have been, like me, wrong。如改譯爲『也許諸位都是對的：但也許處在我的境地，你們也要像我一般的錯』，豈不更近原意？

（十）第一九五頁倒數第二行：『看見我不是睡在床上，是睡在場上』。我們不知道譯者何必要叫沙發爲場。古雅點嗎？

（十一）第二〇八頁第一行：『……天性同理想相關』。按原文中的 Reason 與 Feeling 二字，不如改譯爲理智與情感。

（十二）第二四八頁第九行：『……常常對國王王后鞠躬』。按其原文爲……，who, bending his body a good deal in the direction of the King and Queen，應改譯爲『……深深的向國王和王后鞠了一躬』。常常的意義當與深深有異。

（十三）第二六六頁第一行：『當交談的時候不能鼓勵你入迷』。這不能不承認是晦澀的地方。按其原文是 while you speak, there can be no oblivion of inferiority—no encouragement to delusion: pain, privation, penury stamp your language……，應該譯做『當你談話的時候，你不能忘記你的卑劣——不能引人入迷：痛苦和窮困流露在你的語言中間……』。

四　伍譯的遺漏

（一）第二回第一段後面一段未譯，約六十字。

(二)第四十八頁第七行『我想了一回』下面跳過八十字左右。

(三)第五十頁第三行下面落約九十字左右。

(四)第五二頁第六行『我坐下等』下面落約百字。

(五)第五十八頁第八行『我到了倫敦』下面落了一段，約八十字。

(六)第六一頁第三行『我連走了許多地方，看見是眞熱鬧』之原文約有二百字。

(七)第七三頁第四行後面落一段，約二百字。

(八)第一三〇頁第四行後面落約七百字。

(九)第二〇八頁第二行下面落約二百字。

(十)第二〇九頁第九行下面落約一百餘字。

(十一)第二六六頁末約落三百字。

(十二)下册三十頁二十四回第一行前落約四百字。

(十三)第八五頁第十行下面落約一百字。

(十四)第八八頁第一行下落約一百字。

(十五)第一四四頁第十行後面落一段約一百三十字。

(十六)第二一二頁第八行後面落二段，約一百六十字。

(十七)第二四一頁第一行下面落約二百字。

(十八)第二四九頁第十一行後落約一百三十字。

(十九)第二九七頁第一行前面落約一百五十字。

以上所舉，都是極其不應當刪去的。至于脫落幾十個字的地方，舉不勝舉。大約估計，伍譯本把原著至少刪去了五分之一，這實在是很可驚異的。

羅牧譯蕭著人與超人

張夢麟

商務印書館發行
二十二年二月初版
三三三頁　定價一元

一代文豪蕭伯納先生終究光顧到我們的東亞大陸國來了。 我們這些不善於認識天才，却善於替天才捧場的上等華人，自不免要熱烈地歡迎他一番。 但從他老先生的經驗看來，他很知道我們這一番熱烈的歡迎，骨子裏是什麼一回事。 一九二六年時，人家為他慶祝七十生辰，英相麥克唐納曾在席上致詞，譽他為偉大人物。 蕭伯納的答詞很妙。 他說：隨你們怎樣設法都不能閉着我的嘴。你們對我無可奈何的時候，就把我偉大化起來；這樣一來，你們就可實現一種敬而遠之的主義了，以後凡是我所說的，不論是非，你們都可以當作偉大人物的說話，泰然聽之，泰然忘之了。 據蕭伯納的意見，這種無抵抗主義，便是一般人對付天才的最妙方法。 所以在易卜生主義之精髓的改版的序文中，他也說起易卜生思想在英國生活上發生影響的時候，乃在一般批評家熱烈地痛罵易卜生的時候。 因為這樣的痛詆至少表示出他們認真在研究易卜生了，對於易卜生的思想已經感覺到威脅了。 這也就是易卜生的原來希望。 他本不希望人家把他看做天才，看做偉大的人物。 他只求他的思想能在人們的生活上發生一點影響。 及至人家把他看成偉大人物之後，他的沒落的時期也就到了。 蕭老頭子在思想界中奮鬥了五十多年，所得的結果就是：被人家歡迎，被人家尊稱！ 這是老頭子最不滿意的地方。 他在人與超人的序文裏，已明明說要讀者大罵他一頓。 你說這就是蕭老先生喜歡唱的怪論嗎？ 是的，可是他也很有理由。

是他的幸運，還是他的不幸？ 老頭子挨罵的時候到了。 他的這部大作，人與超人，除開正文而外，前面附着一篇書信體裁的序文，後面又附一篇革命家必攜（照羅譯）。 他為什麼要附這一篇革命家必攜呢？ 在序文裏，他告訴我們說，一般作小說或戲曲的人，每每在作品中說他的主人公是如何如何的有頭腦，有思想，做有如何如何的大作，可是却不具體地把主人公的著作揭載出來。於是，等到讀者讀完這部小說或戲曲之後，每每發生疑問，卽是：若非作者那樣再三地誇耀他的主人公有頭腦，有思想，而只由那作品中所表現出來的他的行為和談話看來，讀者眞要疑惑這位主人公是不是一個低能兒了。蕭伯納說：『我就决不犯這弊病。我在劇中曾說主人公著過一部書，所以，我就在後面把這部書揭載出來，讓讀者自去玩味』。

蕭伯納這部人與超人的譯本，已由商務印書館發行出來了。讀了這部譯本之後，我很想拿蕭伯納罵人的話來回敬他自己。卽是，若果不因報紙上那麼宣傳，中國文壇上的人們那麼起勁地歡迎他，再三告訴我們說他是一位大思想家，大劇曲家，而他的人與超人又是一部偉大傑作的話，讀者眞要疑惑蕭伯納老先生是不是個低能兒了！

蕭伯納因為人與超人而挨罵，在英美批評界中不是沒有，而他也是樂於接受。可是這回呢？他老先生若果知道了這個非難，第一句的回答一定要說：『你應看看我的原文呵』！

好吧，我們來看原文。以下便是我拿原文和羅譯對照出來的結果：

（一）原文第一頁之“……which will soon be as white as isinglass and are in other respects not at all unlike it.”被羅先生譯為『不久將白得和魚膠一樣——在別的方面看起來，似乎不像魚膠的』(頁四)。在這裏，unlike 一字顯然是被看作 like 了，at all 的口氣也沒有傳出。下面『白色的緊馬甲』之下，還有一句插句，羅先生也沒有譯出。又如原文第七頁上之“Miss Ramsden, Mrs. Whitefield and Miss Robinson”，被羅氏譯成『太太……先生和……夫人』(頁一五)。又如原文第三幕，一一七頁之His Excellency's friend Mozart，在譯文上變成『朋友莫查特閣下』(頁一九六)等等，雖皆錯誤，我們却不便因此而說譯者不懂原文，只好說他太過粗心。像這種粗心誤譯的句子，我們能為譯者原諒，所以不多舉例。

（二）原文第二頁之“The modern clothier has produced to harmonize with the religions of respectable men.”被羅先生譯為『那是現在製布者用以迎合一班有名望者的脾胃的』(頁四)。在這一句裏面，竟有兩個錯誤：第一，clothier 是 dealer in cloth or clothes

的意思，不當譯爲『製布者』，第二，religion一字之譯作『脾胃』，亦不適當。這一句話係從上文而來。蕭伯納是從這些有聲望的人們所穿的衣服，譏諷到他們的言行。上文是說這位有聲望者所穿的褲子不藍不黑，顏色非常曖昧。因而想到這些人之所以成為有聲望的人們，也全靠着他們那種唯唯否否，不明不白的態度，從不表示獨立意見的信仰。因此，蕭老先生趁此調坎，說他們的褲子顏色乃『是時髦的布商，特意做來以與當世有聲望的人們的信仰相調和的』。羅先生的這個譯法，是否已把這個意思傳出，明眼人自能看出。

（三）原文第三頁之"Consequently, he has always classed himself as an advanced thinker....",被羅先生譯爲『結果他常被人列入為新思想家……』（頁五）。按從原文看來，他常自以爲是一個新思想家，不是被人認為是一個新思想家。這一處是全劇的關鍵，因在本劇中間，這位先生老是自以為是新得了不得，而劇中主人公却處處在譏諷他的冬烘頭腦。羅先生這一個誤譯，不單只是譯法上的錯誤，連這一篇劇情的描寫，也因此受了重大打擊。又在這一節裏，原文中的千八百六十年和千八百八十年，竟被寫作『第六十年』和『第八十年』，這眞令人莫名其妙。不過，像這些地方，我們也只好看過去了，不必求全。

（四）原文第三頁之"a family portrait of impenetrable obscurity"，被羅先生譯成『一幅糢糊不清的家族照像』（頁七）。按impenetrable一字含有『隨你怎樣穿鑿也不能看透』之意。Portrait一字不可作爲『照像』解。Obscurity雖有『不清』之意，但同時也有『無名』之意。所以這一句應改譯爲『一張他家裏無名的祖先的肖像』。不知羅先生能同意否？

（五）原文第三頁之"All announce the man who will love and suffer later on"，被羅先生譯爲『一切都表現着使人愛慕，然後又使人痛苦』（頁八）。這一句，眞是錯得豈有此理。一個人怎麼會使人家看了，又會愛慕，又會痛苦？按上文是說這個人長得好看，而又神經銳敏，所以『這一切等等，都表示出他是一個將來一定陷入戀愛，過後要受愛的痛苦的人』。

（六）原文第四頁之"a long, affectionate shake"，被羅先生譯爲『那是籠罩着悠久的愛情的握手』（頁八）。

在這兒，一個後有逗點(，)的 long 字，似被看成形容詞——affectionate——的形容詞去了，所以弄成一個『悠久的愛情』。其實，long字是形容名詞——shake——的。

(七)原文第四頁之 ''To let him know that I had not taken all his care of me as a matter of course, as any boy takes his father's care.'' 被羅先生譯爲『讓他曉得我，實在是不應當受他的照顧，好像孩子受他的父親的照顧一樣』(頁九)。按這一句原文的意思，應是『使他知道，我受他的恩，並不是當作兒子受老子的似的，當作應該受的看』。這種文句，眞是『差之毫釐失之千里』。譯者的錯誤，不在不懂這一句話的結構，而在不懂全體的含意。所以下文該說『現在他已去世了——我的心他永遠不得知道』，而譯者因爲不懂全體的意思，又把這句譯成『一點死的徵候都沒有，他會不曉得我所感覺的』。這種譯文，叫初學者看去，一定是莫名其妙。不過，像這一類的句子，在文法上尙無錯誤，我也願把它們放過。

(八)原文第五頁之 ''What does she know about the real value of men at her age?'' 被羅先生譯爲『關於和她年紀不上下的男子的眞價値，她曉得些什麼？』(頁一〇——一一) 按這一句原文的意思，誰也知道是『她那樣的年紀，知道什麼男人的眞正價値呢？』

(九)原文第七頁之 ''and that you feel bound to stand dy him because there was a boyish friendship between you.'' 被羅先生譯爲『我又曉得您能和他結交是因爲您們兩人間有一種從幼小時而起的交情』(頁一三)。Bound to stand by 譯成『結交』，眞是奇文。旣『有一種從幼小時而起的交情』，還要『結交』，單就文章說，也就不通得很。這句話的意思應是：『你們間有從小孩時代的友誼關係，所以你覺得處處不得不幫他的忙』。

(十)原文第七頁之 ''I can't and won't have Annie placed in such a position that she must, out of regard for you, suffer the intimacy of this fellow Tanner.'' 被羅先生譯成『由對您的情誼中看起來，我不能亦不願讓安置身在這樣的環境中。將來她一定要接受且涅這個家伙的慇懃』(頁一三)。這句應改譯爲『我不能叫安妮，我也不願意叫安妮去處在這樣一個地位之下，叫她因爲對你客氣之故，不能不受譚納這東西的親近』。譚納是這位先生的竹馬之友。所以說安妮因爲他，也不能不和譚納親近。我們看羅譯，能夠看出這個意思來嗎？

（十一）原文第七頁中之"as he speaks"，被羅先生譯成『口中喋喋地』。這也是破例的譯法。又下文"calling his attention to the servant"，羅譯『注意他的侍婢』。這也使人莫名其妙。原來劇中正當主人與客談論極親密的問題時，女僕忽然走了進來，主人不願他們的談話爲女僕所聞，所以他『使客人注意到這僕人』。

（十二）原文第八頁之"That's very like Jack, Mr. Ramsden. You must see him, even if it's only to turn him out."羅譯爲『那一定是賈克才這樣，藍斯登先生』（頁一五）。在這段中，羅先生去了一句未譯。不知是忘了，還是故意不譯。由羅先生的全部譯文看來，不由我不相信他是故意去掉的。就是未去的一句，也是譯得不妥。茲改譯如下：『這眞是賈克的幹法，藍斯登先生。你非會他不可，縱令你只爲叫他滾出去』。

（十三）原文第八頁"And Annie with them! Annie! A.........(he chokes)"羅譯（頁一六）爲『而安也和他一塊。噗，安！一個——（他氣息壅塞。）』這段原文中最後一個A字，顯然是Annie的A，說者憤激之餘，說不出來了。而羅先生卻老老實實地譯作『一個』！本來，A字叫初學英文的人來解釋，無論如何，總是『一個』。但初學英文的人，並不敢譯A與超人呵！同頁之"But youthfulness is rot the effect he aims at,"在羅譯中成爲『但這個青年體態，不是他有意傾向的』。這句雖不算錯，卻甚生硬費解。如改譯爲『但是他的目的，已不在想裝年輕』，便和上下文相接。又同頁之"Suggest Jupiter rather than Apollo"羅譯爲『與其說是使人想起豪壯的Jupiter，不如說是使人想起風雅的Apollo』。譯文剛巧與原文相反。又下面的原文"and the restless blue eye, just the thirty-secondth of an inch too wide open."羅先生譯爲『和恰巧是一英寸又三十二分開着的爛爛的青眼』！一個人的眼睛，能夠開到一英寸又三十二分，當然是爛爛得很。但誰見過這樣大的眼睛？依我說，這句應是『和那流動不息的藍眼，剛剛多開了一英寸的三十二分之一』。

好了，我不再寫下去了。替人校對，本是一件勞苦的工作；又加以看見不通的譯文時，由不得感情上發生變化，更使人消耗精力。我開始作這篇時，原想至少對完第一幕，可是還不到十頁，我已經望洋興嘆了。眞要寫完的話，怕正如蕭伯納所說一樣，寫來比原譯還長。

人與超人是蕭伯納宣傳思想的名劇，暗示他的哲學。一般批評者都認第三幕爲最難懂。羅氏的譯文，我敢大胆說一句，決不足以傳達原意。第一二幕中的對白，平常得很，而譯文中的毛病，已經層見叠出，所以第三幕也就不必再說。在這裏，我又隨便在第一幕的譯文裏舉出一段來，作爲我這篇校對工作的尾聲。羅譯第三十頁有一段說：

『如果一個人想不做她無意做的事，那麼她是使人安心，同時，如果一個婦人或者想要做她有意做的事。（除非必要及她以爲對的外，她是不酌量他人的事的。）那麼她或者也會使人恐懼。』

這眞是天書了，誰看得懂？如想看懂，則在譯文之外，還得購買原本來看。而不懂原文的人，只好自認是低能，因爲誰有這勇氣，說作者是低能呢？按這一段的原文是：She inspires confidence as a person who will do nothing she does not mean to do; also some fear, perhaps as a woman who will probably do everything she means to do without taken more acount of other people than may be necessary and what she calls right。它的大意是：

『她一面表示出她是一個對於不想要做的事情決不去做的女子，使人們相信；另一面又表示出她對想做的事，無論什麼，十有八九都得去做，除開必不得已和她所認爲正當的以外，決不多顧慮別人——這一點也許又使人有幾分懼怕。』

譯書本是一件難事。譯者不知要受作者多少限制與其文法語氣的束縛。所以一部譯書裏面，如有一二個錯誤，那是無法避免的。但若錯得太多，譯如未譯，則亦何貴乎譯？中國現在，還需要很多的譯文——這是無需申說的。可是不良的譯本，不惟使讀者得不到正確的認識，而且要引起一般人輕蔑翻譯的風氣——這也是應當顧慮的。我作這篇文章的動機，即在防患未然，非眞欲與羅君較量。希望讀者能以社會文化爲前提，來看這篇文章。苟有措詞過當之處，我願引爲遺憾。

三月八日，於上海。

再評伍光建譯洛雪小姐遊學記

葉維

這一本書，是經梁繡琴小姐批評過的；原評載在本刊一卷第十一期裏面。她的批評，雖很深刻，但因太過重視了所謂評者的尊嚴，不敢稍犯『吹毛求疵』之嫌，以致譯本中有許多錯誤，尚未被她指出。如果伍老先生不是一個望重士林的譯者，像梁小姐這樣一篇的批評，已夠警告了讀者。可是事實不是這樣，伍老先生的權威大極，若僅給他一個輕輕的打擊，猶恐不足以達目的。因此，我再試作此篇。『吹毛求疵』之嫌，不敢避也。因爲『吹』是評者該費的力，『求』是評者應盡之職，然而以『毛』蔽『疵』究竟不是一種忠實的繙譯！

伍譯之不忠實，就叫一個文盲來記數量，也看得出。原書六百餘頁，如果忠實繙譯，至少應成中文三十萬言，而今譯文約僅二十萬言，所遺漏的豈止『五分之一』？凡是他所譯出的部分，都是非常淺顯；稍微深刻或者複雜一點的句子，都被漏譯。例如『剖解心理』(用伍序中語)和描寫風景之處，無一不在淘汰之列；所剩下的，祇是一個故事的鋼骨水泥，磚石都已拆去。

繙譯本是一件難事，伍老先生却能每年譯一本書(也許不止)，這是一般人所聞而驚異的。但若我們知道了他的訣巧，而且願意學他，那也是容易之極。須知他的繙譯，並不像是鳩摩羅什所說，『嚼飯與人』。他只是『嚼渣與人』。不信請看他老先生刪節精華的手段。

開卷第一頁第一節，原文凡六十言。跳過了第一句(凡十五字)不說，自第二句以下還合這些意義：

她的丈夫的家庭已在比列屯城住居好幾代了。他們的姓氏與地名相同，也許是巧合，也許是因爲有個遠祖是一重要人物，將自己的姓氏傳於鄉里，成爲地名；究竟如何，我却不得而知。

伍譯眞是簡潔，連第一句在內，祇有這麼長的一段：

我們的乾娘住在比列屯一所很好的房子。自從他的丈夫上好幾代。就住在這裏。就拿地名作姓。

像這樣的開筆方法，眞使讀者看了，不寒而慄。最奇怪不過的是伍老先生在第四節裏刪去了下面一段：

他的長頭髮，顏色特別，做朋友的不敢說是什麼顏色，只有它被太陽照着的時候，他們纔說這是金色。

這是著者開始介紹一位本書中的重要角色——比列屯夫人的兒子，伽林——的敍述，從後文看來，實是一段所謂『伏筆』，不可忽視之極，因爲後來洛雪小姐之能認出約翰醫生便是伽林，全靠她還記得這種顏色。 伍先生刪這一段，不啻自承他對這部小說的脈絡，尚未尋出，怪不得他的譯文，錯誤百出：

（一）原文：

Withdrawing into a corner, where the sweep of the white curtain concealed her, she became still. I half rose, and advanced my head to see how she was occupied on her knees, with her forehead bent on her hands, I perceived that she was praying.

伍譯作：

他……走到屋角上。躺在帳幔後不動。我半起床。伸頭看他作什麼。原來是他跪在那裏祈禱。（第八頁，第三行）

先說是躺，又說是跪！ 到底是躺是跪？ 還是先躺而後跪？ 一看原文，便知是『她退至屋隅，靜止不動，白色的帷幔把她遮住。 我半臥半起，伸首向前，看她在那裏作些什麼。 原來她正跪在那裏，雙手捧額，正在低頭祈禱』。 伍先生似把 became still 看做 lay still 了。

（二）原文：

I, Lucy Snowe, plead guiltless of that curse, an over-heated and discursive imagination, but whenever, opening a room door, I found her seated in a corner alone, her head in her piging hand, that room seemed to me not inhabited, but haunted.

伍譯作：

我洛雪斯諾却與他大不相同。我的思想很活潑的。很好說話的。但是毋論我什麼時候推開房門。我總看見他坐在房角。兩手捧頭納悶。我總覺得那屋子住的不是個人。是個鬼。（第十二頁，第二行）

原文的意思是：『我，洛雪斯諾，自認沒有過於狂熱，和遊移不定的想像那種毛病；但是每逢我把一道房門推開，發現着她（朴利小姐）獨坐一隅，用纖小的手捧着頭顱，我就覺得這間屋內不是住着人，却是鬧了鬼』。 That curse 就是 an over-heated and discursive imagination，伍先生看不懂，以爲是指上文所述朴利小姐的性格，又將 over-heated 譯爲『很活潑的』，discursive 看作 discoursive，以致錯上加錯。

（三）原文：

"Then I shall kiss the hand," said he, but that moment it became a miniature fist, and dealt him payment in a small coin that was not kisses.

伍譯作：

伽林說道。既是這樣。我只好同你的手接吻。但是這時候。那隻小手變作一個小拳頭。果然還了債。卻是用小錢還債。不是接吻。（第二四頁，第五行）

在這兒，伍先生『刻舟求劍』，笨拙之極。按在英文中，pay one in his own coin 是一句常用的俚語，意義等於 give him tit for tat，可以譯爲『照樣還禮』。只要是『照樣』的，拳頭也可算『禮』。

（四）原文：

Your eyes are quiet like the cat's, but you'll spring.

伍譯作：

他答道。你的眼睛快利如同貓眼。但是你會跳的。（第三一頁，第三行）

這句的原意是：『你的眼睛跟貓一樣沉靜，但是你要跳起來的』。這個『跳』字，暗指貓捕鼠時跳躍之狀。下面朴理又說：『也許我可以下來——只要你答應不動手——不把我抓起來……』。看了此句，自然明白上文。伍先生把 quiet 譯爲『快利』，恐怕是譯音，不是譯義，然而也只對了一半。

（五）原文：

Sometimes she would be angry, sometimes the matter was allowed to pass smoothly.

伍譯作：

他有時發怒。有時隨伽林走。（第三一頁，第九行）

上文說伽林常和朴理吵架。此處卻說：『有的時候朴理要發脾氣；有的時候這事卻能平平靜靜地過去』。伍先生把 matter 變成了人！

（六）原文：

It was her ambition to be permitted to have a ride round the court-yard on his pony; but far be it from her to ask such a favor.

伍譯作：

從前他以爲伽林讓他騎在馬上。在外院走一轉。是一件最得意的事。以後他向來不問他要馬騎。（第三五頁，第八行）

伍先生看見原文上半句用了一個 was，下半句用了一個 te，就在譯文中用了『從前』與『以後』四字，自以爲是銖兩悉稱。不知小說中述已往之事，當然要用 past tense，而 far be it from her to 是一個 idiomatic expression，其義等於 she would on no account，並不是指現在而言。這句的意思，本甚明顯，就是：『她的心裏雖很想求他准她騎這匹小馬，繞着院子走一轉；但她無論如何，不肯向他要求這種恩惠』。

(七)原文：

Mamma, I believe thet creature is a Changeling.

伍譯作：

媽。我看那個東西。是一時三變的。(第三六頁，第四行)

外國有種神仙故事，說起神仙能把小孩拐走，留下一個替身，形體微小，脾氣古怪，就是這裏所說的 Changeling。伍先生把它譯做『一時三變』，不知根據何種字典？

(八)原文：

I have learned a very pretty one, four verses long.

伍譯作：

我學會一首很好的。很長的四節。(第三七頁，第九行)

按這一句，易譯的很。Four verses long 就是『四節長』，譯時無須更動原文次序。

(九)原文：

One little hand stole out from beneath her fsce, to which it had been pressed, and softly caressed the heedless foot.

伍譯作：

他偷偷的伸出一隻小手。輕輕的摸伽林不穿鞋的脚。(第四一頁，第六行)

伍先生大概是把 heedless 看作 heelless 了，故誤『不留神』爲『不穿鞋』。

(十)原文：

My heart .... beat lightly and not feebly. Not feebly, I am sure, or I should have.... quailed in the absence of moonlight, for it was by the leading of stars only I traced the dim path.

伍譯作：

我知仗着……少年的膽氣。什麽都不怕。在月亮所照的曠野上走。(第五六頁，第七行)

原文明明說『在昏暗的路徑上走，只靠着星光引路』；那裏來的月亮？

（十一）原文：

My resting time was past, my stringent difficulties recommenced.

伍譯作：

因爲我歇息的時候是完了。我的爲難才起首。（第七〇頁，第十一行）

洛雪的爲難怎麼會到現在才起首？莫非是因爲 recommenced 一字被他斬了首？

（十二）原文：

Before you pronounce on the rashness of the proceeding, reader, look back to the point where I started; consider the desert I have left, note how little I risked; mine was the game where the player cannot lose and may win.

伍譯作：

讀者請勿怪我鹵莽。須知我好像是從沙漠來的。我現在並不十分冒險。我這場賭博。是有贏無輸的。（第七三頁，第三行）

這種似是而非的譯文，比明顯的錯誤，還足誤人。Risked 是 past tense，怎能加上『現在』二字？ 我將這段試譯如下：『讀者不要就判我是做事鹵莽，請先囘顧我的出發之點，請先想想我所離開的沙漠，請先看我付諸孤注的是怎樣輕微；我這種賭博是不會輸而或許會贏的』。 前章有一般說：『如今我的心境如此，環境又如此，最有利於我的，便是採取一種別開生面，堅決勇敢，或者不顧死活的行徑。 我一無所有，不怕損失』。前後皆相呼應。

（十三）原文：

She partly understood me, but as I did not at all understood her.... we achieved little progress.

伍譯作：

我雖不懂他說什麼。他却懂得一點我說什麼。我們却有些進步。（第七七頁，第六行）

譯文與原文背道而馳。 原文是說：『我的話：她還懂得一部分，但是她的話，我却一點不懂，我們因此沒有什麼進步』。 A little 和 little 的區別，伍先生應該懂得！

（十四）原文：

Of what nature were the conclusions dedused from this scrutiny? Were they favourable or otherwise?

伍譯作：

他還樣細心偵察搜檢是什麼意思呢。是好意思。還是壞意思呢。（第八頁，十一行）

從上文看來，洛雪早已猜出了貝克夫人搜檢她的東西的用意。 但是她還不知道搜檢的結果如何，所以說：『她這番搜檢我的東西，得到的結論是什麼性質呢？ 於我有利呢，還是不？』伍先生將 Conclusion 譯為『意思』，不曉得『是什麼意思』！

(十五)原文：

On her arrival in the Rue Fossette, two or three days after my sudden settlement there, she encountered me with very little surprise.

伍譯作：

他到了這裏之後。不過兩三天。就碰見我。(一〇一頁，第九行)

原意應是：『我突然在 Rue Fossette 住下。 過了兩三天，她也來了，遇見了我，並不表示怎樣驚異』。

(十六)原文：

I can wind him round my little finger.

伍譯作：

我的小手指就可以把他搖過來。(一〇三頁，末行)

這種譯文，眞不易懂。 其實原文並不深奧，意思只是：『我能玩弄他於股掌之上』。

(十七)原文：

I assure you nothing remains unpaid for, but the few dresses I have lately had: all the rest is settled.

伍譯作：

你可以放心。樣樣都付清價錢的了。只有幾件衣服不算。然而都是安排好的了。(一〇八頁，第四行)

Settle 不止有一個意義，伍先生把它譯作『安排』，簡直不像話。 在這句中，settle 等於 pay。 全句應改譯為：『請你放心，沒有一樣是欠着賬的，除了我所新置的幾件衣裳以外：其餘的都付清了』。

(十八)原文：

There is nothing great about you, yet you are above profiting by the good-nature and purse of a man to whom you feel absolute indifference.

伍譯作：

你並不是個大人物。你既然不愛這個男人。你却沾光他的錢。(一〇九頁，末行)

刪削本是伍先生的拿手好戲；有時運氣好，所刪去的不很重要，尚能略存原意。 如今所刪去的剛巧就是一句中最最重要的字眼——you are above——以致譯文和原文相比，有些驢唇不對馬嘴來了。 這句的原意是：『你固然沒有什麼偉大的地方，但對一個男人既覺十分冷淡，就不該沾他的光，利用他的好性情和金錢——這麼卑鄙的事，你還不屑於做啦』。

(十九)原文：

when an article disappeared whose value rendered restitution necessary, she would profess to think that Desiree had taken it away in play, and beg her to restore it.

伍譯作：

若是丟了一件值錢的東西。不能追回來的。他當作是狄西理是拿去頑要。要求他拿回來。(一一四頁，第七行)

貝克夫人的孩子狄西理，品行很壞，愛偷東西；但是貝克夫人總是裝聾作啞，不責備她。 倘若是不見了一件貴重的東西，非追回不可，她就裝模做樣，當作狄西理是鬧着玩的，婉求她把原物交回。 依照伍先生的譯法，非但不合情理，且不能傳貝克夫人那種溺愛過度的神味。

(二〇)原文：

One day it bethought itself to fall from top to bottom of a steep flight of stone steps.

伍譯作：

一天他想起要從很高的台階跳下來。(一一五頁，第四行)

Bethought itself to 是用以形容他的淘氣。 這句話很幽默，不易直譯，只好譯作：『有一天這個孩子偏偏是從一段很高的石頭台階上摔了下來，從頂一直摔到了底』。伍先生把上半句按照字面直譯下來了，一到下半句便覺不妙：人那有『想起』要摔下來之理？ 於是他就略施小技，改『摔』爲『跳』，可算得會臨機應變了！

(二一)原文：

I was confounded, as the reader may suppose, yet not with an irrecoverable confusion; being conscious that it was from no emotion of incautious admiration, nor yet in a spirit of unjustifiable inquisitiveness, that I had incurred this reproof.

伍譯作：

我聽他這句話說得有點忙亂。我所以留心看他。原不是贊賞他。也不是因爲好奇。(一一九頁，第五行)

上文說約翰坐在陽光之中，洛雪觀察他髮膚的顏色，認出他就是伽林；這個發現使她驚奇，只顧觀看約翰，不料約翰覺察覺了，且對她說幾句俏皮話。 現在她說：『讀者也許猜我受窘了。 我固然不免受窘，但尚不曾窘到不可收拾的地步。 因爲我心裏明白，我這回將他觀察，以致受他責備，並非由於不謹愼的愛慕之情，也非出於不正當的好奇之心』。 Being conscious .... reproof 是解釋 yet not with an irrecoverable confusion 的，伍先生將此六字省略，又擅將 I 改成 he，上下文『風馬牛不相及』了。

(一二二)原文：

Three pupils were just then hard at work practising in three prominate rooms.... Farther off, at a fourth instrument in the oratory a whole class of a dozen or more were taking singing lesson.

伍譯作：

這時候有些學生們讀書。有些學生們學唱歌。(一二三頁，末行)

原文明說三間毗連的屋內，每間各有一個學生，正在那裏用功的練習音樂。 Practising 並非讀書；不然則下文的 fourth instrument 如何解釋？ 爲什麼要說fourth？

(一二三)原文：

It is true she had neither strong feelings to overcome, nor tender feelings by which to be miserably pained.

伍譯作：

他誠然是既不受柔情的痛苦。又無猛烈的愛情。是難以打倒他的 。(一二七頁，第三行)

伍先生不懂原來的文法構造，以爲 overcome 就是 overcome her— 不知這句的意思是：『誠然的，她既無強烈的情感，須加以克制，又無柔情，使她痛苦得可憐』。

(一二四)原文：

From the portress' cabinet close by shone a lamp, showing the long vestibule with the two-leaved drawing-room door on one side, the great street-door closing the vista.

伍譯作：

看門的女人小房旁邊。有一盞燈。照着過道。過道一邊是客廳。一邊是臨街的大門。(一三二頁，第九行)

明明是一句話，不知道怎麼得罪了伍老先生，竟被他腰斬兩截。 而且原文明明是說：『望過去，過道的盡頭，是臨街的大門』。 伍先生偏要把這大門移到過道的一邊，眞是移山倒海，法術無邊。

(一二五)原文：

Full sure was I that Madam had missed—was come

in search of me, and designed now to pounce on the defaulter unawares.

伍譯作：

我很曉得。他要搜獲的人。是已經走脫了。我又曉得。他來找我。趁勢要搜着那個人。（一三五頁，第六行）

上文說過洛雪常在花園裏勾留，度過黃昏，別人也知道她有這種習慣；但是，今天她在花園裏的時間，特別長久，她向來沒有這麼晚還不回去。 這就是 default 的意思。Defaulter當然就是指洛雪，不是他人。 Miss等於notice the absence of，是個 transitive verb，它的 object 是 her。 全句的意思是：『我滿知道瑪當是見我不在來找我了，現在打算乘其不意，把偷懶的人猝然擒獲』。伍老先生大概是以 defaulter 爲約翰醫生，所以：『趁勢要搜着那個人』，未免離題太遠。

（二六）原文：

I now commended my own bed and my own toilet, with a locked workbox upon it, and locked drawers underneath.

伍譯作：

我在這裏看見我的床。我自己的梳粧桌。桌上一個未鎖的活計匣。底下是上了鎖的抽屜。（一三九頁，第八行）

同是 locked，爲什麼譯法兩樣：一個是『未鎖』，一個是『上了鎖』？

（二七）原文：

Madam had charged me not to let George sleep till the doctor came; I had therefore sufficient occupation in telling her nursery tales and palavering the little language for her benefit.

伍譯作：

瑪當吩咐我要佐吉睡覺等醫生來。我很有閒工夫。說故事給他聽。（一四一頁，第六行）

明明是不要叫佐吉睡覺，偏說要佐吉睡覺；明明是忙着講故事，沒有閒工夫，偏偏說有閒工夫。 我真疑心譯者是在『創作』了。

（二八）原文：

I had learned something from the above scene besides what concerned the ivory box; viz., that not on the robe de jacoras, pink or gray, nor yet on the frilled and pocketed apron, lay the blame of breaking Dr. John's heart; these items of array were obviously as guiltless as Georgette's little blue tunic. So much the better. But who then was the culprit?

伍譯作：

我看那盒子的事。這時候我才曉得。並不是因為穿的什麼衣服怎樣的打扮。傷約翰的心。但是誰是個壞人。要揀這個盒子呢。（一四四頁，第二行）

這不是繙譯，是夢囈。按洛雪本不明白約翰與象牙盒子的關係，如今她從約翰與洛辛的談話，得知約翰是在鄰近的學校看病，親眼看見盒子擲下的，於是她的疑團頓釋。這就是 what concerned the ivory box。但是洛雪不但曉得了關於象牙盒子的事，她還明白了一點別的事情，就是：約翰的愛人不是洛辛。洛辛是個年輕俊俏，講究衣飾的女僕；洛雪本來疑心約翰是愛上了她，所以他終日相思，愁眉不展(請看第十一章)。但是如今洛雪曉得她是冤枉了洛辛了。洛辛雖然愛打扮，但是她穿的粉紅色，或灰色的棉布袍子，她所帶的縐邊的，有口袋的圍裙，並不會害了約翰，使他心碎。這兩樣衣飾分明是無辜的，就和小佐治所穿的藍色小衫一樣。約翰不會是迷上了小佐治，同樣的也不會是迷上了洛辛。但約翰的確是害了相思病。使他心碎的究竟是誰？誰是這個罪人？The culprit 絕對不是指揀盒子的人。

（二九）原文：

"Enfin, elle sait," said he, half dissatisfied, "and one cannot be fastidious or exacting under the circumstances." Then he added, "you may yet have twenty minutes for preparation an revoir!" And he was going.

伍譯作：

他說道。你總算是學會了。這時候他流露出一半滿意的神氣。隨即說道。也就只好勉強過去罷了。又說道。我給你二十分鐘打扮。說完他走了。（第一五八頁，第七行）

Enfin, elle sait 是保羅先生和自己說的話，所以用法文，如何將『她』改成『你』？Half-dissatisfied是『一半不滿意』，如何能譯為『一半滿意』？洛雪正在樓頭練習演戲，戲詞背得還不純熟，所以保羅再給她二十分鐘預備的時間，如何講得到『打扮』？Was going 是要走而沒有走出去；如果是『走了』，下文洛雪跟誰說話？

（三〇）原文：

She fed on creams and ices like a humming-bird on honey-paste.

伍譯作：

他要吃蜜。吃冰吉林。吃甜水。才吃得下。（一六五頁，第十行）

我疑心伍老先生是一個魔術家，竟使凡索變成蜂雀了！

(三一)原文：

"As usual," I said, "preposterously vain,"

伍譯作：

我說道。和平常一樣。不過好出風頭些。（一六八頁，第四行）

如此說來，豈不是凡索小姐平常不好出風頭嗎？ 其實她向來好出風頭，平常如此，現在還如此。 她問洛雪今天晚上好看不好看，洛雪回答道：『跟平常一樣；浮華得荒唐』。 這本是挖苦凡索的話，所以下文凡索說：『刻薄東西！ 你跟我老是不說好話』。不料伍先生還沒有凡索聰明，在譯文中添了一個『不過』；文理並非不通，『不過』與原文不符『些』。

(三二)原文：

I do so like to watch them turn red and pale.

伍譯件：

我最喜歡看他們兩個人。一個臉變紅。一個臉變白。（一七○頁，第二行）

好，一個成了關公，一個成了曹操！ 可惜原文說的是：『我眞愛看他們臉上一陣紅，一陣白』。 不然，豈不熱鬧！

(三三)原文：

I suppose you are nobody's daughter.

伍譯作：

他又說道。我猜你是無父無母的。（一七○頁，第五行）

在上文中，凡索小姐自誇是名門淑女，現在她又和洛雪說道：『我猜你不是一個大家閨秀』。 Nobody等於 person of no importance，等於無足輕重的人；如果當作『無父無母』解，一般平民都要披蔴帶孝了。

(三四)原文：

As I like sweets, and jams, and comfits, and conservatory flowers.

Ginevra admired my taste, for all these things were ther adoration; she could then readily credit that they were mine too.

伍譯作：

我答道。如同我喜歡吃糖。吃糖果。喜歡花塲裏的花一樣。

因爲這些東西是他所好的。既然我與他同好。他很稱讚我的好尚很正。（一七二頁，第九行）

凡索問洛雪是不是喜歡哈麻爾（一個少年軍官，凡索的情人）。洛雪回答道：『跟我喜歡甜食，果子醬，糖果，和溫室裏的花一樣』。這意思就是並不喜歡他，因爲她是不喜歡這些東西的。但是這些東西正是凡索所好的，她以爲洛雪與她同好，所以不懂洛雪的言外之意，還稱讚她的口味不錯。伍老先生大概也很『喜歡吃糖』，否則譯文不致這樣荒唐。

（三五）原文：

Are you satisfied that you understand me?

伍譯作：

我問道。你旣然曉得。你很滿意嗎。（一八五頁，第六行）

這是洛雪問保羅先生的話。Satisfied等於convinced。她說：『你相信你能了解我麼』？我希望伍先生下次譯書的時候，多翻翻字典！

（三六）原文：

This tax and trial were by no means the least I have known in life. Still, menial and distasteful as they were, my mental pain was far more wasting and wearing. Attendence on the cretin deprived me often of the power and inclination to swallow a meal, and sent me faint to the fresh air, and the well or fountain in the court; but this duty never wrung my heart, or brimmed my eyes, or scalded my cheek with tears hot as molten lead.

伍譯作：

我生平是受過比這樣還辛苦的事。不過不是這樣沒意思。比勞力雖受得多。我因爲照應這個癡子。常常吃不下飯。（一八九頁，第三行）

這種不通的譯文，無須加以批評。但我還得略述原文的大意。上文說過：假期中有一個女僕離校他去；她的事情，都得洛雪代做；有一個白癡的孩子，也得洛雪照應。她說：『這種勞累折磨，就我生平所受的痛苦而論，絕不算是最輕的。但是，這種事情雖然卑賤可憎，我心中的痛苦却還要厲害的多，還要將人耗靡傷損。服侍那個白癡，常常使我吃飯的時候，不能，且不欲下咽，使我頭昏氣悶，得去呼吸新鮮空氣，去飲院中的井水或泉水；但是這個職務，向來不會使我傷心，使我眼淚盈眶，或者熱淚炙頰，如同鉛液』。什麼使她這樣呢？就是她心中的痛苦。伍先生不明白此點，所以擅改原文。

（三七）原文：

Between twelve and one that night a cup was forcep to my lips, black, strong, strange, drawn from no well but filled up seething from a bottomless aud boundless sea. Suffering, brewed in temporal or calculable measure, and mixed for mortal lips, tastes not as this suffering tasted.

伍譯作：

當天晚上半夜的時候。我夢見有人。從一個無涯無底的大海。拿了一鍾氣味很惡顏色很黑的水強逼灌我。（一九〇頁，第六行）

原文兩句，伍先生只譯了頭一句。第二句不知何故，竟成『逸詩』。『我夢見有人』——是誰？是伍先生自已嗎？原文頭一句完全是比喻，一看第二句，自然明白。Cup就是第二句的 suffering。以酒喻愁苦或快樂，是外國文學中常見之事；例如 to drain the cup of humiliation, the cup is full，都是很普通的話。這句原文是以苦酒譬喻惡夢所釀成的痛苦，伍先生以爲是實寫夢境，眞滑稽極了。

這本書中的謬誤，層出不窮，眞叫我望洋興嘆。我校閱此書，本極草率；吞舟之魚，漏網者不知凡幾；還有許多，雖已落網，又被我放生；這三十六條，不過是一小部分而已。這種工作，好比洛雪 attendance on the cretin。我校閱了不到二百頁，實在不耐煩了，不得不暫時中輟。忽然有一天，我心血來潮，想起此書有一大半，尙未校閱，或者好戲還在後頭，也說不定。我將最後一頁，看了一遍，果然又發現了一個大大的笑話。讀者不要打呵欠，預備叫好吧，伍先生這齣大軸子上場了。

洛雪和保羅的戀愛，已經成功，但還不能結婚。保羅從前有過一個愛人，名叫瑪利，因爲貧富懸殊，未諧好事；瑪利的祖母和理文夫人，尤其反對這囘戀愛。瑪利做了尼姑，少年早夭；死後，她的家庭忽然中落，一貧如洗。和理文夫人賴保羅扶養度日，有十二年之久。她本有一份很大的地產，遠在西印度羣島，曾因負債被封；如今她想派保羅去經營這份產業。還有一個西拉神父，是保羅舊日的先生，也是受保羅贍養的。他想和理文夫人是虔心信教的人，她的產業，有了出息，他與他的宗教，自然也有好處。貝克夫人是和理文夫人的親戚，這位和理文夫人並無子嗣，貝克夫人因此有了野心，盼自己的子女繼承她的財產。而且保羅和洛雪的戀愛，西拉神父本極反對，貝克夫人也有醋意，所以他們二人也竭力勸他遠行。他遠渡重洋，以三年爲期；臨行以前，替洛雪佈置好一所學校，以她爲校長。離別雖苦，但是洛雪努力經營她的學校，漸漸得意，還盼望保羅三年之後，海外歸來，締結良緣。她說：『這是我一生最快樂的三年』(原書倒數第二頁)。光陰易過，保羅的歸期已定。這正是秋天，氣象蕭森，洛雪正盼歸帆，颶風忽起。七天七夜，風浪不寧，大西洋上，處處船沉舟覆，無數生靈，盡都慘遭滅頂。等候行人的在岸上哭泣祈禱，盼望風停，但是等到了風平浪靜，有人已經失去知覺；等到了雲開日出，有人已經命赴幽冥。欲知後事如何，請看下文(我根據原本原譯，非伍譯)：

『就在這裏住口吧。立刻住口吧。說的已經夠了。慈悲的心，不要擾亂了安甯；給樂觀的想像留下希望吧。叫這種人設想由巨大的恐怕重生歡樂，是何等快事，身遇救星，脫離險境，是如何狂喜，憂懼頓釋，如蒙天赦，遠人無恙，得慶生還。叫他們想像我們成了眷屬，而且以後過的都是快活日子』。

此書的結局是悲是喜，明眼人自能看出，無須道破。Bronte的性情，本趨浪漫，她的第一部傑作 Jane Eyre，描寫熱情，『如火如荼』(伍先生的話)，George Henry Lewes 曾責其有 Melodramatic 之病。時代的影響，自身的遭遇，都使她改變趨向，注意現實。她的第二部傑作 Shirley，已與Jane Eyre 不同，但是到了 Villette，方臻成熟之境；她用一種完美的藝術，使自己的性格與文壇的趨勢完全調和。她從經驗的學校裏得到了不少委屈她，折磨她，但是有益的教訓。她如今曉得熱情不是最重要的眞實(most vital reality)。她雖然有時耽於默想，却又以爲 Day dreams are delusions of the demon. (Villette P. 71)；她雖然有時任想像馳騁，但是理智常占優勢。她不願逃避可怕的，捷足的，追及一切的『事實』。她曉得人生是有喜有悲；雖然有在人世上能暫時享受天堂的快樂，但是她曉得不是人人如此。朴理與伽林成就了美滿姻緣，百年偕老；凡索與哈麻爾也做了一對恩愛夫妻，雖然後來並不快樂。這書的喜劇成分，還不夠麼？洛雪與保羅也要依樣畫葫蘆嗎？洛雪不是一個美麗的女子，她本來以爲戀愛是與她無分的；但是與保羅經過了長時期的相識，受過了痛苦的鍛鍊，理智的測驗，居然心心相印，有了一種『識笑熱情的愛』(Love that laughed at passion)。在三十八章中，忽起波瀾，洛雪發生誤會，以爲保羅別有所歡，他們的戀愛完全是一個虛謊。讀書至此，好像是山窮水盡，但結果又柳暗花明，疑雲盡釋；讀者不要拍掌稱快，祝他們早配鸞凰了！ 但是這是欲擒故縱，讀者不要受騙。 天有不測風雲，人有旦夕禍福；保羅離家的三載，竟成了洛雪生平最快樂的幾年！

這句話怎講，要讀者自己去玩味，Bronte是不肯說明的。 她要保持她的藝術的緘默，她處處節制她的情感，不肯流入 sentimental, melodramatic 一派。 她敍述洛雪的艱辛困苦，只是輕描淡寫，不事鋪張。 她在第四章開頭說：『讀者要猜我此番囘家，骨肉相聚，自然是很樂意的。 好吧，這種可愛的猜想並無害處，不去反駁，也不要緊！ 實在我絕不反對，我要讓讀者想像此後八年之久，我是像一隻船，在一個波平如鏡的港中，安然睡穩，享受風平浪靜的好天氣……請想像我是懶惰無事，曬着太陽，肥胖，快樂，躺在鋪着褥子的甲板之上，陽光不斷，使我溫煦，柔風慵困，將我輕搖，催我入睡』。 但是底下接着說道：『不過，假定如此，我必然是不知道怎麼樣掉下船去了，否則我必然是終於受了覆舟之難，這是無隱瞞的，……』 這是說明了想像不見得就是事實。 如今 Bronte 叫樂觀的讀者想像團圓的結局，她却並不畫蛇添足，最後一節，只是寥寥數語；

貝克夫人一輩子順利；西拉神父也是這樣；和理文夫人活滿了九十歲才死。 再見。

這是如何含蓄，如何哀而不傷，怨而不怒！ 同時又如何 pathetic，如何餘音嫋嫋，不絕如縷！ 保羅出國，是誰叫他去的呢？ 不是這三個人嗎？ 如今這三個人有的添福，有的添壽；但保羅呢？ 為何一字不提了？ 也許有位老實的讀者要問：『保羅是不是渡海囘國時，已經遇了難呢』？ 也許是的。 不過，假定他是遇了難，他如今又復活了。 不信，請看伍先生的譯文（最後一頁）：

我把當時大風的情形說很可怕。也說夠了。請讀者放心。遠人經歷極大危險。幸得平安歸來。我們締結了良緣。後來過的都是歡樂日子。

伍先生真正是大慈大悲，菩薩心腸，起死人而肉白骨，功德無量！ 但願他的楊枝甘露，灑遍三千世界，使天下有情人都成眷屬，豈不懿歟！

『就在這裏住口吧：立刻住口吧。 說的已經夠了』。 慈悲的心，不要焚琴煮鶴；給樂觀的想像留上希望吧！

寂寞的人們

霍普特曼著鍾國仁譯　商務版

霍普特曼生於一八六二年十月十五，德國 Schlesien 省人，爲現尚生存之世界戲劇大師。寂寞的人們原名 Die einsamen Menschen，譯本題 Lonely lives，似是從英譯本重譯的。霍氏出身貧賤，幼時放浪不羈，是一個頑皮而且劣等的學生，但卻從這中間得到了無數人生的經驗。

寂寞的人們爲他早年自然主義時期的作品，結構工整，態度嚴肅，淒苦地發掘着人生的孤獨。讀了這個劇本之後，我們會不期嘆息地說：「生命原是淒苦的。」但也許我們心裏會浮出這樣的決心：「我是比約翰華克拉更堅強的；我可以面對他那種困苦而不跌倒。」但誰是比約翰更强，誰又是比約翰更弱的呢？

這裏面所寫的盡是一些平常的故事，家庭瑣屑，沒有英雄也沒有好人，這是我們每人或都會遭遇的悲劇，會在我們心裏起一種隱痛；雖不强顯，卻極深沉。這裏面的人物，每一個都是好人，雖然他們不免偏狹愚昧，時有其弱點，然而都能使我們親近。悲劇的罪過，他們是不任負起來的。在這裏面，不是生鐵般冷酷的命運在操縱一切，也不是他們性格上有什麽缺點。他們都值得過較好的遭遇的。但是什麽使他們竟得悲慘的結果呢？

這個劇本裏的人物，很有點像俄國式的：那個肅嚴古板的父親，那個端倩幽怨的妻子，那個缺乏決斷的丈夫，那個一事無成的藝術家，那個貧苦自立的新婦女，都像Ostrovslsy 或契珂夫或托爾斯泰劇本中的人物。尤其是克端，簡直像我國的嫻靜多思的少婦了。由此可見德國雖以强力走上了新時代，然民間尙存古風，其民族性頗有和俄國或我國相通處。

劇中本事是這樣的：

約翰華克拉和妻子克端住在柏林近郊，克端剛生了小孩，他們的父親和母親走來相看，克端才二十一歲，身材苗條，態度溫和，病後新愈，爲翁姑所鍾愛，可是她是一個舊式的沒有學問的女子。照她丈夫所說的，她「有一個黃金的心」。但不幸她的地平綫只是在廚房和育兒室裏，只是留心家務，留心孩子，在智識上和情緒上不能給丈夫一些什麽。約翰是一個研究自然科學的人，信服達爾文和黑格爾，在那時正是簇新的學問。他陷在鄉間，陷在家事和俗務之間，像是被囚的鳥一樣，感覺到他的天才是枯窘了，完全不能從事於他的學問。他感覺到沉重的空虛與疲倦。他的老友勃朗住在附近，一個自負天才但是無所事事空拋歲月的藝術家。他們的意見雖然不對，而感情卻很好。勃朗正有點像俄國文學中常見的人物，敏銳的觀察和正確的理智都不能改正他懶惰的天性。

勃朗的同學安那女士暑假中偶然走到這裏，就留住在約翰家中，她貧苦而好學，不能不以工作支持自己的學程，因此到處奔走，她是一個爽朗的理智的新女性，具有科學的頭腦，恰足爲約翰良伴。短時期間，約翰和安那變得很好，他們談論，散步，划船，約翰又能够開始他的工作了。可惜這樣的時期並沒有繼續好久，在家庭間已引起了風波。克端在謙遜的自慚之間發生了無限幽怨，母親，甚至於勃朗都有了疑慮了，尤其是安那女士臨行時又爲約翰所挽留。他是太爲寂寞所包圍，爲空虛和無智所嚙食，爲不瞭解所苦，好像窒息在水淹之中的人，就無論什麽都要抓住了。但是，他和安那之間爽朗的關係，是不能够在那樣的家庭環境被容納的。

最後安那終於被逼走了，其實是爲覞自己的工作也不能不走了。約翰，他最後所想要抓住的也丟掉了。他曾經無限的悲怨對父親說：「你們是我的滅亡，你們的愛是我的滅亡」，「我們的立脚點是完全不同的。」但他終於馴伏了，讓安那走開。安那是自制到最後一刻地走開的，他們已經懷着永不再見的心事分別的。然而在約翰感到他重復要回到那「陰滯」裏去的時候，他完全失望了，發狂地走到湖上去了。他們大家都落到一切全被破壞了的結局。

這是一件極其平常的事情，但卻是如何淒慘地寫着的呀。事情差不多是我們每個人都曾親歷成可耳聞目見的，人物也幾乎都是我們左右的親友，因此更加使我們感動。克端的幻想，說到小孩，說到田野，說到生育，想起了死去的父親，這一切都在她幾幾乎絕望了的時候，以及安那的夢，母親所唱的悲哀的絕望的小歌……「如若我知道一些愉快的東西：」凡此一切不都像我們正撫育他人的心底搏動嗎？約翰是，不像他所說的話那樣剛强，也不像他做的事那樣軟弱，乃是一個極力想從窒息地孤寂中拔出而不可得的人。

世界文學名著

寂寞的人們

霍普德曼著

鍾國仁譯

LONELY LIVES

By

GERHART HAUPTMANN

Translated by

CHUNG KUO JÊN

那麼，我們可以來考察一下這悲劇的結果究竟是如何產生的。當然，他們每人都不任其咎。那個慈和的華克拉八人正像我們的母親，華克拉先生是一個正直的父親。克端是一個溫婉的妻子。至於安那女士和約翰，也全沒有可以責備的地方。那麼，為什麼呢

我們常常不幸陷在一種矛盾裏面，好像我們的分子或是被擾亂了；每個原子雖然都是好的，只因結合不得法，乃生出非常之壞的結果，我們的感情和理知常常不能並行發展，同樣的外界，由心眼和肉眼兩方所看的也各不同，我們每個人都必須建築起自己的幻想，不幸這些幻想往往是互相排斥的。就在這種衝突之間，會醱出悲劇來。約翰正馳心於一種幻想——他稱之為自然科學的，而他的家庭卻是一個沒有幻想的家庭，以田園，家事，傳統的肅嚴為第一重要。反之，克端則馳心於另外的一種幻想，孩子，家族，溫存和柔情——太謙遜了，太隱微了，甚至於有一點孩子氣，這是被約翰看作庸俗瑣屑，為學問和理想之障碍。至於安那，則她所想望的又是另一世界：「凡不能征服我們的

溫存和柔情——太謙遜了，太隱微了，甚至於有一點孩子氣，這是被約翰看作庸俗瑣屑，爲學問和理想之障碍。至於安那，則她所想望的又是另一世界：「凡不能征服我們的東西只有增强我們的力量。」然而這不獨爲克端所不能瞭解，約翰也未見得完全瞭解罷。她走來走去，像一個找不到出路的旅客，但是始終沒有迷失了她的前途，知道要向什麼方向走去。

困難就在這裏：我們每個人都有幻想，都有秘密的夢，我們尊重而且愛執這幻想，爲我們生命中最重要的一部份，離開了就似乎不能再活下去；但這種無極的憧憬——也許是永遠達不到的罷——是太微妙了，太纖細了，太幽隱了，不能夠使別人也同樣瞭解，甚至於給別人看來是可笑的。因此我們雖然在人的潮流中滾來滾去，而我卻是和隱遁在深山裏一樣孤寂了。當天色漸漸昏暗，你的朋友在室中支頤枯坐，怎麼能夠知道他是歡迎或是拒絕你走進去呢？然而人永遠是粗心浮氣照自己的樣子走進去，毫不顧及人家是歡迎或拒絕，又放肆地照自己的樣子走開了。約翰，安那，克端，勃朗，他們彼此之間沒有更耐心一點去瞭解人家，他們不過像行星一樣孤立於天空而已，這些寂寞的人們

這是到武昌後第一部使我感動的書。來此後僅僅讀了很少的幾個劇本，我的時間給來做別的事去了。但我卻是一過天生的戲劇工作人，沒有別的事更像戲劇這樣使我勁心的了，也沒有什麼作品像戲劇這樣使我熱愛的了。戲劇我永遠是以最懇切的力量去做的，不幸我所要追逐的那些影像是太巨大了，太不可捉摸了：只要我能夠做一個跌倒了的夸父罷！霍普特曼，易卜生，梅特林克，斯特林褒，還有太偉大了的莎士比亞，這些永遠是我的夢，我讀劇本，不僅是讀其中的文字，而是在看見和聽見一切，我的心是同時有着讀者、演員和觀衆的顫動的。但我卻沒有研究戲劇的機會！我的感覺已經觸到戲劇微妙的中心了，我的手卻還不能達到，因此我也變成寂寞者之中的一個了。

記得楊晦有一劇本名來客——假如我沒有把名字記錯——恰是用着相同的題材，結局也似乎相似。這個劇本很可以一看，但後來卻不被人提起，楊晦君也似乎再沒有寫劇本了。同樣的事故，在國內想來是很多的但沒有像霍普特曼那樣的藝術家發掘出來。

讀『薩芙』

羊角

——都德作，王實味譯，商務書館最新出版的世界文學名著之一——

在低迴着北歐底剛健質樸的文學之後，覺得需要輕妙的作品來換口味了。我於是發願讀幾本南歐或西歐底作品：第一本開始讀的便是『薩芙』。

『薩芙』是都德底最後的作品，印行於一八八四年。

都德這人，只要曾讀過文學史的大都知道。他底短篇，如『最後一課』，『柏林之圍』是在中國知道的人也很多的作品；有那麼多忠於它們的文學家們過去曾經，現在正要，將來永遠念嘆着，而且翻譯着。

可惜，都德底『傳世之作』如『小物件』，如『薩芙』，却少有人道及。緣因是他們以爲讀書的範圍不可移出一定數目以外；外國底東西，如『莎氏樂府』，如『塊肉餘生述』就已經夠我們研究，考證，翻譯了，還要許多幹嗎？

中國人就是這點：無論一樣什麼東西，到他手裏，他總可以加一點推敲，琢磨的工夫，創出他底『家說』：一方面，他就因而自滿，保守起來。這麼着，所有的眞理，學術統統在那兒佇足下來。這是學問底強敵。

自然，在『最後一課』與『柏林之圍』裏面，我們可以得到一片眞誠，一片熱愛；都德底作品之輕妙，詼諧，優美，活潑；那貫澈人生的藝術與哲學是那麼調和地存在於『小物件』與『薩芙』底字裏行間呢！

兩本作品裏，『薩芙』比『小物件』更成爲一件最完美的藝術品。『小物件』敍述的是身邊瑣事，『薩芙』則比較地有一個重心；人物描寫方面，又是『薩芙』底比『小物件』底更富於神祕性與深刻性。

讀『小物件』，我底獲得是幾行眼淚，而讀過了『薩芙』，則感到的是那麼複雜，不能用哀樂來體驗了。

十二，二十七

伍譯的「俠隱記」和「浮華世界」

味茗

俠隱記　商務印書館出版　定價一元四角

浮華世界　出版處同上・定價一元八角。

從前在「五四」時代，新青年對於林譯小說下了嚴厲的批評，同時很讚美大仲馬的小說三個火鎗手的譯本俠隱記。那時俠隱記出版已久，譯者署名君朔。後來我們纔知道原來就是伍光建氏。

大仲馬的「達特安三部曲」第一部就是三個火鎗手，中文譯本即名爲俠隱記；第二部是二十年以後，中文譯本改名續俠隱記；第三部是波拉治子爵，中文譯本改名法宮祕史和續法宮祕史，可是沒有譯完。續俠隱記和法宮祕史及其續，也都是伍光建氏譯的。

在外國，三個火鎗手的聲名遠比牠的姊妹篇要大些。這書名已經成了一個典故，許多文學作品中描寫到三人一連的好漢時，（不論他是什麼樣的好漢）往往就用了「三個火鎗手」這一成語。這書之成爲世界名著，是無疑的。這樣一本書竟早就介紹到中國來，實在也是可喜的。

那麼這本書的譯文如何呢？

不是我們喜歡做新青年的應聲蟲，這俠隱記的譯文實在有牠的特色。用俠隱記常見的一個詞頭兒——實在迷人。我們二三十歲的大孩子看了這譯本固然着迷，十二三歲的小孩子看了也着迷。自然因爲這書原是武俠故事，但譯文的漂亮也是個最大的原因。

如果我們謹守着「字對字」直譯的規則，那麼我們對於伍氏的譯本自然會有許多不滿意；不過我們得原諒他，因爲他譯俠隱記的時代正是林譯盛行的時候，那時候根本沒有直譯這觀念，更何論「字對字」？

雖則如此，俠隱記還不是無條件的意譯，——或是無條件的刪改。例如開篇第一章客店失書，譯文比原作約縮短了三分之一；且看那第一段的譯文：

話說一千六百二十五年四月間，有一日，法國蒙城地方，忽然非常鼓噪：婦女們往大街上跑，小孩子在門口叫喊，男子披了甲，拿了槍，趕到彌羅店來，跑到店前，見有無數的人，在店門口，十分擁擠。當時係黨派相爭最烈的時候，無端鼓噪的事，時時都有。有時因爲貴族相爭；有時國王與紅衣主教爭有時國王與西班牙人爭有時無業游民橫行霸道，或强盜搶刦；有時因耶教民與天主教民相鬥；有時餓狠成羣入市。城中人常時預備戒嚴，有時同耶穌教民打架，有時同貴族相鬥，甚至同國王抗擊的時候也有，却從來不敢同主教鬬。這一天鼓噪，却並不因爲盜賊同教民，衆人跑到客店查問緣故，纔知道是一個人惹的禍。

倘使同原文對照起來，那麼，「四月間有一日」應作「四月裏的第一個星期一，」蒙城字下脫落了「玫瑰故事著者的生長地」一個子句，「忽然非常鼓噪」下面脫落了「好像耶穌教徒攻了進來把這地方變成了羅歇第二；」而且，「婦女們往大街上跑」以及「小孩子在門口叫喊」兩句，不是平行的，是說「婦女們不顧她們的孩子在門口哭叫，飛也似往大街上跑，」而男子們又是「看見了婦女們不顧她們的孩子在門口哭叫，飛也似往大街上跑，」這纔趕快「披了甲，」而至「拿了槍」三字之前脫落了「支持他們的有點不穩的勇氣」一個子句，又在「拿了槍」三個字以後還脫落了「或是標槍」一語。……好了，我想來不用再嚕嚕囌囌對讀了，總之，伍譯是有他的「法則」的，就是：(1)删削了一些不很礙及全文故事的結構的小小子句，(2)把複合句拉直，例如上舉譯文中「婦女往大街上跑……男子披了甲，拿了槍，」這一段，成爲平行的幾個子句。這是伍氏的「翻譯方法。」他這方法是一貫在他的譯本俠隱記及續俠隱記等等的。

他這「方法」是根據了什麼原則定下來的呢？我以爲他是根據了他所見當時的讀者程度而定下來的。自然不是他看不懂原文的複合句，却是因爲他料想讀者看不懂太累墜的歐化句法。我們應當原諒他在二十年前這種爲讀者着想的苦心。

再看他譯文的第二段便更可證明他的删節是有他的標準的。這第二段是——

此人：年紀約十八歲；外着洋絨衫，顏色殘舊，似藍非藍；面長微黑，兩顴甚高，頰骨粗壯，確係法國西南角喀士剛尼人；頭戴兵帽，上插鳥毛；兩眼灼灼，聰明外露，鼻長而直：初見以爲是耕種的人，後來看見他掛一劍，拖到脚後跟，纔知道他是當兵的。

那麼原文怎樣的呢？原文並不是很簡單地說「此人年紀約十八歲，」而是：「你想像他是一個十八歲的堂克蓄德罷，一個沒有他的胸甲，他的鐵鎧，他的肋甲的堂克蓄德罷。」把堂克蓄德和這年青人相比，在熟知堂克蓄德(Don Quixote)爲何如人的讀者看來，自然覺得津津有味，然而伍氏把這一段删去了，因爲他料到那時的讀者不認識那位鼎鼎大名的堂克蓄德。

我們不是無條件贊成這樣的删削，也不是在現今還想提倡這種樣的删削。我們不過指出來，伍氏的删削也不是無條件罷了。

自然，我們在譯本裏還可以找到許多零星的删削，——這些可以說是沒有理由的删削了，如果勉强要說出個理由來，那我們只可

以說是因爲譯者根本沒有「字對字」直譯的信念之故。例如第十一回達特安之愛情中間的一段對話

「謝天謝地，原來是你。」（這話是邦那素的老婆說的——筆者）

達特安道：「是我。上帝叫我來照應你的。」

女人微笑的問題：「你難道因爲這事，一路跟我的麼？」

這裏，「女人微笑」下面刪落了一大段描寫那女人驚定而喜的神情。可是我們再看下去罷：

答道：「不是的。我剛到這裏來，看見有人打我朋友的門……

……」

女人道：「你的朋友？」

這裏，達特安的話，原文是這樣的：「不是，不是，我說老實話。湊巧碰到你罷了。我看見一個女人打我朋友的門。」譯文裏掉了一句「我說老實話」。我以爲是不應該的。又原文在「女人道」字面下還有「打斷了達特安話頭」一個副詞，譯文裏也刪去了。這也是不好的。因爲不能表示女人的驚愕。

諸如此類的例子，譯本裏很多。我們不妨說這樣的刪削，礙不了原作的面目，但是不刪豈不是更好麼？

話雖如此說，俠隱記的譯文到底是有特色的。第一是譯者有刪削而無增添，很合於大衆閱讀的節本的原則，不像林譯似的刪的地方儘管刪，自己增加的地方却又大胆的增加；第二是譯者的白話文簡潔明快，不是舊小說裏的白話；第三是緊張地方還牠個緊張，幽默地方還牠個幽默。這一點却是很不容易辦到的，而也是這一點使這譯本人人愛讀。

在原則上，我們以爲世界文學名著應當「字對字」直譯；但是我們也贊成俠隱記那樣的刪譯法。因爲倘使要把世界名著縮節譯成「大衆本」，則俠隱記的刪節標準以及譯法（這包括上文所指出的把複合句解爲平行句以及字句簡潔又能不失原作情調兩者而言）是値得我們參考的。特別是這譯本裏的對話，雖然有些曲折的句子是被拉直拉平了，可是大體尙能不失原意，而且和口語很近。這一點，譯「大衆本」時很應該取法。

俠隱記的翻譯遠在二十多年以前。最近伍光建氏又譯了許多名著。時間是相隔得那麼多了，時代又是一致主張直譯的現代，那麼，二十多年前俠隱記的老譯手這回重操譯筆，他的主張有沒有改變呢？他的譯文的風格有沒有改變呢？他給了我們什麼新東西呢？

爲的要認識給我印象很深的俠隱記老譯手的新面目，我讀了浮華世界的譯本，又取浮華世界的原本來對照着讀了。

浮華世界就是薩克來（W. M. Thackeray）的名著"Vanity Fair"。原書頗長，這回伍氏是根據了赫次堡（M. J. Herzberg）的節本再加以刪節的。俠隱記裏並沒有整章的刪節，浮華世界可就不同了；計刪第七至十三，第十九至廿十一，第二十三二十四，第二十七，第三十二至三十四，第三十八三十九，第四十二至四十四，第四十六，

四十七，第四十九至五十二，五十四至五十七，六十至六十二，共計三十四章，約當全書之半。

這樣的整章删削，勢必礙及書中故事的聯絡了，所以伍氏在第六章末尾就加了一段小註，略敍所删第七至十三共七章內的故事，以後每逢删節處他都有註。本來浮華世界這部真也太「浮華」，赫次褒的本子雖已删節，還是篇幅繁重，再加以删節是應該的，不過我們覺得伍氏這樣的删節似乎太圖省力了。我們以爲應當依照「節本編制」的原則，把冗雜的章段縮緊，而不應當抽去完事。現在浮華世界的譯本老老實實抽去了三十四章，（全書之半）於是看了譯本後，我們所得的印象是一本斷手刖足的名著了。

從前讀伍譯的法宮祕史與續法宮祕史（即大仲馬原作波拉治子爵）的時候，頗以爲删節太多，不及俠隱記那樣有精采；然而跟浮華世界一比，又覺得還是法宮祕史較勝。原因就在法宮祕史的删節是「縮緊」。雖然因爲「縮緊」得太過分，有些精采地方弄成沒精打采，可是到底還沒顯露殘廢的形象。

再看浮華世界的「翻譯方法」當然仍是伍氏一貫的「方法」。可是沒有俠隱記那麽有精采了。這恐怕是兩本原作的風格本來很不同，而伍氏以同一方法譯之所以在俠隱記中凡有「拉直」「拉平」的地方還不覺得怎樣難看，而在浮華世界中却有時顯得晦澀不明。例如浮華世界第一回頁五的一段譯文是：

> 再說女校長成績書價値，也就同墓誌銘的價値差不多，但說到一個死了的人生前也許是一個基督教好信徒，也許是一個慈父，孝子，賢妻，好丈夫，也許爲家裏的人同聲追悼，同石匠在石頭上所刻的那些恭維話，名實相稱，故此不論是女學校和男學校教員所說的稱讚學生的話，也許偶然有幾個是配得上成績書上所說的話。塞德力小姐不獨是配得上平克香小姐讚美她的話，她還有許多極可愛的性情，却不是這個妄自尊大的校長所能看得出來的。

這一段，簡直可說是「字對字」的直譯，沒有删削。但是和原文仔細一對，覺得少了幾個字，我們試就伍氏譯文加上那幾個字抄出來看一看罷——

> 雖然女校長成績書價値，也就同墓誌銘的價値差不多，但是一個死了的人生前也許當眞是一個基督教好信徒，也許當眞是一個慈父，孝子，賢妻，好丈夫，也許當眞爲家裏的人同聲追悼，同石匠在石頭上所刻的那些恭維話名實相稱。故此不論是女學校和男學校，教員所說的稱讚學生的話，也許偶然有幾個是配得上成績書上所說的話。至於塞德力小姐呢，不獨是配得上平克香小姐讚美她的話，她還有許多極可愛的性情，卻不是這個妄自尊大的校長所能看得出來的。

上面有旁點的字眼，就是原文所有，而伍氏掉落了的。沒有這幾個字，意思原也一樣，不過加上了這幾個字似乎文情更加顯豁了些。

一九三四年二月二十日

讀世界文學名著「醫學的勝利」有感

鵑聲

引言

「醫學的勝利」爲近代法國劇作家洛曼氏的著名作品，幷且算博得多數觀衆同情的喜劇，內容是描寫一個不懂醫學，但却懂得羣衆心理的醫生，怎樣拿着科學的招牌，威嚇羣衆，獲得成功，換一句話，這是一齣和現代醫學開頑笑的諷刺劇，很像我國社會上一般不正當的醫生所演的把戲，本劇共分三幕，我略把每幕中的重要點，用摘錄的方式記載出來，還敍述些個人底感想在裏面，或許對我們醫界提倡的醫德，可以感動一部分人罷。

第一幕摘要

四位人物，就是克洛克醫生，帕爾帕雷醫生夫婦與其用人約翰，他們乘了帕爾帕雷的用馬車改成的一部汽車，到聖莫利絲去，因爲克洛克要去接替帕爾帕雷醫生的職務，但是要分期的付還一筆款，可是克並不是一個懂得醫學的正式醫師，他不過很熱心的念着新聞上醫和藥的廣告，同丸藥盒子和水藥瓶子上面那些標明「用法」的仿單，學了這一套後，就自命爲醫生了，他早已居然堂堂皇皇幷且放胆的在衆人面前行醫。

至於他要行醫的動機呢，就是某年，他恰巧在失業底時候，有一天他在碼頭上踱着，看見一隻開往印度的一千七百噸的輪船要徵求一個醫生的廣告，但並不限定要有學位，他爲了麵包問題的逼迫，雖沒有醫生的頭銜，和他將來的論文的題目什麼，都還不知道，可是他還得要爲着維持他的威嚴和秩序起見，公然地背着良心要求船上大家稱他醫生，他達到目的後，他說了一句警語「一切健康的人都是不自知的病夫。」於是全船的人就漸漸地都病了，當他瞧見的巧妙方法受着經驗證明時，他促急於要把牠應用在陸地上，並且希望廣大的應用起來，他感覺到學位是一種不能少的東西，當他的論文剛才通過以後，有了頭銜，馬上就想到聖莫利絲地方去接替帕爾帕雷行醫的位置，確就算是眞的醫生了，不過他認爲醫業是一椿生意經，所以他稱病人是顧客，就是他要到聖莫利絲去行醫的唯一目的呢，不是去救治病人，却是想要得着一筆意外的金錢，他想從那兒滿載歸來，舒舒服服坐在充塡着鈔票的座墊上，所以當他未知那兒的居　風俗，嗜好，以及財產等以前，他對於那兒很不滿意的，他以爲帕爾帕雷交給他一批等於零的顧客，後經過帕向他種種說明，他倒卽刻的又興奮起來。他感覺到帕把一個極好的境遇糟塌了，把一塊本來要長出一片茂盛的果園的地方，竭力使牠生着蒿萊，所以他刻要到那兒去，同時他也答應帕在三月以後，來領第一期的款子。

對於第一幕的感想

從上面所述的看來，我們知道克洛克是一個不是眞的懂得醫學的醫生，在他沒有得到醫生頭銜以前，他就堂堂皇皇在衆人前面行醫已有二十年之久，這是一椿多麼奇異的事情呀！我們看了不禁要打了一個寒噤，因爲克洛克竟比世上所謂掛羊頭賣狗肉的一般專門詐錢的醫生還有過之無不及，他僅僅懂得一點醫學的皮毛，完全不懂得醫學的眞理，也居然胆敢要求衆人稱他是醫生，所謂庸醫殺人，他却又視爲庸醫中的首屈一指了罷！就是看他到印度船上去混充醫生不久全船的人自會都成了把醫業當生意經的長期的顧客，這是醫生麼，還是幇着傳染疾病的魔鬼呢？講到醫生唯一的天職，是救治病人於呻吟牀第之間，其任務應以減少病人痛苦爲目的，可是克洛克旣不盡醫生的天職和任務，他所抱唯一的目的在賺錢，他希望他的顧客越增多，所以他把「一切健康的人都是不自知的病夫」這句話去恐嚇大衆，其中當然含着無限的惡意，他又覺得頭銜是一椿不能少的東西，有了頭銜，更可用科學的招牌，去向羣衆誆騙，藉此更可以歛錢，他要想把他設計有效的方法，急用到陸地上，其用心的險詐，完全不顧人道，更足顯然畢露了。你看何等的可怕呀！至於醫德尤其談不到的了，好在這不過是一幕戲劇罷了，但願不要在社會上有那些事實，才是人類的幸福，中國是一個地大人衆的國家，社會上的良莠不齊，何止醫生的一椿職業呢，用醫生的名義來換麵包，當然不在少數，假使沒有盡醫生的天職和應用不合醫學方法和技術，豈非害人不淺麼？還有些人用了假冒學位頭銜來做招謠的勾當，借了科學的招牌，犯了欺騙的行爲，也時有所聞，這一類醫生，不是和本劇中的克洛克沒有多大的分別了麼？一嘆！

讀世界文學名著「醫學的勝利」有感（續）

鵑聲

第二幕摘要

共分五場：

（第一場）描寫克洛克和鼓手談話，克請鼓手替他做廣告，這廣告的主要意思就是說：『你是帕爾帕雷醫生的接替人，他要通知聖莫利絲全邑的居民，他是博愛爲懷，爲欲阻止近年來曼延於向負衞生盛名的本邑各地的種種疾病可驚的進步起見，定每星期一上午九時半至十一時爲本邑居民完全免費診察，至非本邑的居民，診費仍爲八個佛郎』，唉！這是一個什麼妙想，而且會受人讚許的廣告，且他又說明他來診疾底目的，是不在賺錢，他所希望的是喚起大家注重身體，他非特像一個正式醫師，而且充滿着慈善家思想的，無怪愚蠢的鼓手，一時要受蒙蔽了，竭力的替克氏做廣告，同時鼓手當場就想請克氏替他免費診視，因爲他當在喫飯的時候，覺得肚子的上部有點發癢的樣子，可是克氏一聽了這件事就馬上轉風過來，他說『你今天可照舊工作，今天可以喝一點湯，明天早上不要起來，我會來看你，並且給你免費出診——』可是鼓手那時候眞的覺得很不舒服，馬上就想去睡，但是克氏那裏肯答應他呢！因爲鼓手一去睡，他就沒有人替他做廣告了，所以他卽對鼓手說：『你在日出和日落之間上牀是不好的，今天你一定要像沒有什麼事一樣去做你的廣告，安安靜靜地直等到今晚。

（第二場）是克洛克和小學校長倍爾拉談話，克氏要求倍和他合作，因爲通俗衞生教育，家庭方面的宣傳工作等，都要醫生和小學教員同意才能做得許多的工作，克所以先要說服倍氏的緣故，因爲他是校長，克氏先要把「身上藏有病菌的人」一句話，打進倍氏心坎，使倍氏相信他所說的凡是人們可以帶着一副豐滿的面容，紅色的舌子，和良好的食慾在那裏遊玩着，但同時他身體上所有的襞褶裏可以包藏若干兆能夠傳染一州的最毒的長桿狀細菌，他要說得他眞像一個富於學理和經驗的醫生於是他說倍氏是一個藏有病菌的人們中間的一個很明顯的例子，可是學說太淺薄的倍氏竟也會深被他的話信着了，因之倍氏自己十二分的恐嚇，以爲他自己是一個藏有病菌的人了，試看一位小學校長尙且受了他的欺騙，其餘的小學生們更不必說了，所謂射人先射馬，擒賊先擒王，所以克先要說服了倍氏就是這個用意。

（第三場）是克洛克氏和藥劑師莫斯給接洽，克先要給莫一顆糖面的丸藥，他先稱讚莫氏藥店內設備的良好，和那兒所有的秩序井然以及無微不至的帶着近代風味，他說莫那樣的一個組織，每年至少，可以賺得二萬五千佛郎，可是莫以前祇賺得一半都沒有，雖然在周圍五里路以內一個和莫競爭者都沒有，可是從前帕爾帕雷醫生開的藥方太少，並且帕氏開的藥方，只値四個蘇（Sou 法國幣名值一個佛郎的二十分之一）的藥方，有時一帖簡單的煎藥，但病人必須要付八個佛郎診費，單是爲着服一劑加莫密葉草，就是最蠢的人，也用不着找醫生的，因此莫的生意，格外清淡，可是現在克氏却說這一邑的居民都是他們指定的忠實的顧客，他將要使莫氏最低限度也能夠賺二萬五千佛郎，莫聽了這一套甜言密語後，他眞夢想着這麼一大堆的佛郎，不久就穩穩的滚入他的手掌，他怎麼不五體投地的感謝他的大恩人克氏呢！因此他滿口答應他是竭力的要幇克氏的忙哩：

（第四五場）這二場都描寫克氏診視病人的方法和他敲詐病人的金錢手段淋漓盡致，這二場是全書的綱要，克氏用免費診視的欺騙手腕，以餌病人，假使病人是一位有錢的人，那他說她的病是危險得很，且非有長期的就醫，是不會治愈的，至於患了什麼病，他倒說不出所以然來，只會說些無憑無據空空蕩蕩的那一類話，像他診視黑衣婦人，他說她的病是從幼小由梯子上跌下來的時候而起的，這是已經過去了數十年的事情，且是很小時候的遭遇，誰能記憶到數十年前小時候的瑣事呢！他隨便在黑板上畫了一些圖，說了幾個洋文，愚蠢的農婦，那裏聽得懂！只信他一套恐嚇話，可是一聽信了他的話，就要預備出三千佛郎的醫藥費！這是多麼浩鉅的款子！若是病人嫌太貴，而又似乎不信她的病有這麼危險，那克氏就開給她一個靈方，就是叫病人一到家就去睡在一人一間的房子裏，要把窗和窗幔都關起來，不要讓一絲的光線照進來，也不要進任何堅硬的食物，每隔兩個鐘頭喝一杯酒，並且早晚最多只能吃半片餅干，浸一點牛乳，但能夠不吃餅干更好，這樣過了一星期後，如果病人感到一種普遍的衰弱，或覺得頭腦沉重，或懶得起來，那她所患的病就有他所想像的那般嚴重，非療治不可，非預備三千佛郎醫藥費是不會治愈的。

另有一紫衣婦人，她不過略患些失眠症，她不過趁此免費診視的時候，來和克氏談談而已，克探知她是一位豪富紳士的太太，所以他竟說失眠症是因爲內腦的循環發生了重要障害，尤其是她由於一種灰色物質繼續不斷的深刻的激刺所引起的腦神經痛而來，他解說這個病所引用的比喻，說像一隻螃蟹正慢慢的咀嚼，吮吸，碎裂，她的腦髓！一位豪富太太，聽了這一翻的恐嚇語怎麼不會着急去就醫呢！因此又墜入他的圈套內了，所以克氏更進一步說，她的病非欲二三年的療養不可，且必須每天要一個醫生診視一次才行呢！這樣以來，紫衣婦人又做了他的長期的忠實的顧客了。

至於遇着眞沒有錢的病人，尤其是靑年男子，他就用猙獰的面孔，兇惡的手段，診視一下，既不說出他們患什麼病，更不開一個藥方，使病人下次再不敢來領教了。

對於第二幕的感想

在第一場內，我們看到克洛克用免費診視的廣告，去吸收病人，可是當時就有病的鼓手，想要趁此免費時間，請他醫治，那他非特不替他趁視，且鼓手馬上就想去睡他都不答應，原因除非是鼓手一去睡了，他就再找不到第二個人來替他做廣告了，况且這是星期一，恰巧那兒是罷市的日子，全邑的一半人，都在街上玩着，鼓手在那時替他做廣告，會給有許多人聽着的，自私自利的克氏那裏肯放過這個千載一時良好的機會呢！他祇會替自己利益打算，而絲毫沒有替病人着想，假使鼓手的毛病是危險的狠，那他非特沒有替他醫，且還要躭誤他的治療使他很費力的去做廣告，所謂醫生的天職何在？在他的廣告內，他說他是「博愛爲懷」那這一句話，除非是廣告上的點綴品，借此以冀博得人們的讚許，和吸引病人上他欺騙的勾當罷了。

第二場內我們看到克洛克假着通俗衛生教育和家庭方面的宣傳工作要醫生和教員同意才能做的許多工作爲由，去和小學校長倍爾拉說話，其實他是醉翁之意不在酒，他不過借此機會把「身上藏有病菌的人」一句恐嚇話，打進倍的心坎，借倍氏可以作他有效的宣傳工具而已，一位小學校長，也竟會上他的圈套，那其餘的人，更不必說了，從這裏我們可推測那兒的人們，都缺乏醫藥常識，且又從沒有遇着過一個正式的良善醫師，所以隨便那個庸醫說了一句話，他們都信以爲眞的，可嘆！

看他和莫斯給藥劑師所說的「這一邑的居民都是他們的忠實的顧客」一句話，多麼可驚！他自命是一個醫師，且又初到那兒，他何能預料這一邑的居民都能做他的忠實的顧客呢！除非他是一個瘟神！且他又能包莫斯給每年可賺二萬五千的佛郎，這也是和上面的那句話一樣不合理的武斷！不過從可證明他居心的險詐顯然畢露吧了。

再看到他診視病人的方法和他欺詐病人金錢的手段，不覺嚇了一跳，他原來欺詐病人第一步手續，就是詳細地打聽病人的家產，遇着富而愚的婦女，他就硬敲竹槓，用恐嚇語去威嚇她們，像他診視黑衣婦女就是一個很顯明的例子，他知道她是一個富而蠢的農婦，他就說她的病是怎麼的嚴重，非就醫不可，更非花了三千佛郎，是不會好的，甚至也會開給對於無論什麼健康的人，若照了他的方子做去，也會生病的一個奇方，唉，可憐一個沒有常識的農婦，竟會聽信了他的話，照他的方子做去，白白的化了三千佛郎送到克氏的手裏！至於他遇到沒有錢的男性青年，他非特沒有替他詳細診視，且竟放出他的本來眞相的猙獰面孔，去威嚇，使他們下次再不敢來領教了，眞是可嘆，不過想到中國有許多江湖醫生，他們也掛了免費診視的招牌來吸引一般沒有常識的病人去入他的圈套！他們的招牌上儘管寫着免費，口裏儘管說得天花亂墜，但一旦有人去請教他，他就向那人背上打了很厲害的一針，病人非出十多塊錢，再也不要想他替你背上的針拔去！這一類江湖醫生，非特在各處小鎮小村莊，在所不免，就是在大都會的裏面，也未必會絕跡罷！看了克氏會想盡妙法，拉攏他同作欺騙勾當的夥伴，替他捧場，做他的假冒醫業，這些事實，在中國的取締不嚴，管理不周，恐怕也不在少數嗎？

讀世界文學名著「醫學的勝利」有感（二續）

鵑聲

意之間，便去找他看看，可是一回來，他們便急急的睡在牀上，並且着手要求醫治，漸漸的人愈弄愈多，現在她祇收留由遠處特地跑來的，但已缺乏房間，因爲那兒沒有旁的旅館，他和勒米夫人談話中，他知道克氏的近來生活是剛剛起牀，便要忙着出診，到十點鐘的時候，他跑來旅館診視那班病人，隨後便是在他家裏的門診，跟着再是出診，一直到邑境的盡頭，克氏已有了一部跑得極快的新的漂亮的汽車，但克氏從沒有享着像他自己在那兒時候常到咖啡館裏打彈子的淸福，乾脆一句話，克氏發財了，可是勒米夫人絕對否認克氏是一個自私自利的醫生，因爲他尙且創設了從未辦過的免費診視所以她深信克氏不致在一些本來沒有病的人身上找出一些病來，克氏曾經替她檢查身體有十次之多，但終說她什麼病都沒有，她相信住在她旅館內的人，個個確是病夫，她以爲當帕氏在那兒的時候，病人比現在少的緣故，也幷非那時候人們比現在健康，其原因那時沒有人指示他們有調養心思和衛生方法的緣故？她知道那兒的人雖不願亂花錢，但必要的費用，還是肯付的，他們也情願買些藥，免得絕命的時候到來，像畜生一樣

（第三幕摘要）

共分九場

（第一二場）旅館主婦，勒米夫人和其茶房西匹安，一個小鎭上的旅店，正在漸漸地變作療養院，旅店內的房間，統統都住滿了病人，凡是以後如果要到那邊去受診的人，也要住在那個旅館裏的話，那非預定榻位到臨時就沒有空房間的，西匹安雖是茶房，然而也當起護士的職務來了，他也去照顧病人，檢查病人的尿，痰，和室內的溫度等等，另外還有女僕，也裝扮得像女看護一樣，她也幫助作這枕套的消毒工作，這一幕的時間和第一幕相隔有三個月，所以在這場內就見帕爾帕雷醫生來收這筆期款，當帕氏和女僕談話時，她方始知道在克洛克醫生以前，那兒曾也有過這位帕氏醫生，

（第三場）帕爾帕雷醫生向勒米夫人租房子，可是她的旅館內已經沒有室榻了，這當然是一個很驚奇的消息，被帕氏知道，他不信這旅館內竟會住滿了病人，因此他仔細詢問勒米夫人，他方始知道，起初的是一些有事到聖莫利絲的旅客，他們在那兒聽見有人談起克洛克醫生，他們無

倒斃，總而言之，她深信那些人不是他們康健得不耐煩起來，去裝鬧生病的，

（第四五場）祇說莫斯給的生意已增大了五倍。他很滿意他的職業。不過他覺得太忙了，很想另請一位助手，

（最後四場）所謂醫學的勝利，全在這幾場內可以找出，內中描寫克氏如何欺詐那兒居民的錢。更其透澈，克氏要顯他高明的手段把一個圖表給帕氏看，最初月內的診視數目，祇有三十七個，第二月就增加到一百二十八個，第三月竟增到二百五十個左右，且克氏說以後他便想犧牲這診視一項而注重治療一項，因爲診視，只使他本人感着一半興趣，這是一種近乎初步的藝術，一種網撈漁業，但治療卻是一種養魚法。但帕氏那裏肯想那兒的居民，不肯在家裏享福，却願意花錢，跑到醫生家的門口排隊等候的那回事呢！這一定用某種恐嚇手段把他們趕來的，可是克氏並不覺得這數目很大，因爲他已經費了一個多月的工夫，調查出這全邑有二千八百五十三戶人家，而這裏面有一千五百零二戶，每年眞正的收益在一萬二千佛郎以上，他所以要這樣詳細的調查，因爲他知道不知強迫一個每年收益在一萬二千佛郎以下的家庭擔負一個長期的病人，他有四個治療等級，最低的是每年收益在一萬二千至二萬佛郎之間的人們定下的，那些人每星期祇許有一次出診，每月花費五十佛郎左右的藥費，最高的等級，卽奢侈的治療，給那些每年收益在五萬佛郎以上的人們定下的，至少教他們每星期有四次出診，每月花費三百佛郎的雜用，包括X光線放射，電氣按摩等，每年有一萬二千佛郎收益的人家，有一千五百餘戶之多，而其中現在祇有二百四五十家有長期病人的，克氏怎麼滿足呢！他要把一塊散佈着幾千中性的，沒有經過醫生斷定有病的個體的地方，他的任務便是將他們斷定有病，把他們弄在牀上做他的忠實的顧客，他最恨的就是所謂「健康的人」，因爲那些人既不是他的肉，也不是他的魚，甚或他們對克氏現出一種挑唆的態度，所以他要索性放大胆量，試一試把所有的人都弄在牀上，不過無論怎樣一個地方，總要有些康健的人，好讓他們去照顧其餘的人，因此他祇要留着那些人就夠了，或把那些人正在生病的人後面組成一種後備病人，他的恐嚇手段實在大，竟會把一個自負能夠把一百餘鎊重量的人平平的托在手裏的拉化郎巨人，也弄在牀上，所以他只要胆量大，就可把全邑居民都做成他的顧客，按照他們的財力付醫藥費便了，他更想把他的方法推到大都會裏面去施行，因此他一聽帕氏肯以里昂對調，他就快樂得手舞足蹈，他很想到

里昂去發一筆更大的橫財，可是莫斯給那裏肯放他去呢！莫氏更說那兒的居民也是不會答應他去的，尤其是勒米夫人，一聽了克氏要去里昂的消息，她竟大嚇一跳，她把她手內拿着的碟子一鬆，幾乎打個粉碎，她趕快說，「不行不行」除非帕氏晚上用飛機來把他搶去，因爲她會通知衆人不放他走的，她甯願把他的那部汽車的橡皮輪弄破都不會讓他走的。

至於帕氏如果是爲着這事來的話，那她便對不起他，她不收留他過夜，雖然當時是正月初天氣很冷，尤其是晚上，但却非請帕氏睡在街上不行的，帕氏受了這個刺激後，他也翻過臉來就罵那兒的人只有受欺騙者才能立足，他情願在里昂很寬裕的去賺他的麵包，他要和克氏趕快把事情弄好，他今晚就走，克氏到了此時倒也有些進退爲難，他祇好戴上了調和的假面具，向帕氏說：「你不會這樣侮辱我們罷！勒米夫人剛才因爲受着那並不正確的消息的襲擊，並且因爲快把碟子跳破的緣故嚇了一跳，所以她言語失了檢點……」可是她趕快又說，帕氏是一個很正直的人，只要那兒的居民，不需用醫生的話，他也可以和別人一樣，維持他的地位，使人覺得困難的，祇是有流行病的時候，像晴天的霹靂，帕氏就束手無策，莫氏也說醫藥的精神已經傳佈各處了，醫藥的觀念，已經盛極一時，無論誰都會反對帕氏的，最後克氏又裝腔做勢，說好說惡，謂無論怎樣，帕氏當日不能再走的，因爲從醫學的立場上說起來，帕氏至少需要一天的休息，因此勒米夫人方始答應帕氏在那裏過夜，在勒米夫人和莫斯給等都退下以後，帕氏對克洛克說：「這一個笑話，我白白的懂得這個笑話，白白的認識這職業上的詭計……一副臉或一隻眼睛……好像你把我探究到了器官的內部似的……這眞利害極了，」克氏回說，這是出於不得已的，並非他願意做的，一切的一切也除非爲了喫飯問題，且他也很想到里昂去，所以他說一切事可在他辦事室裏面從容談論，

對於第三幕感想

從上面看來，克洛克恐嚇愚民的手段，實在令人拍案叫絕，他初到聖莫利絲時候的診視數目，祇有三十七個，不到三個月竟會增加了六倍之多，他把一個小鎮上的旅館，也竟會漸漸的變作療養院，把旅館內的茶房和女僕，當做護士，他竟費了一月的工夫，把全邑調查得清清楚楚，在一萬二千至二萬佛郎收益的人家，強迫他們担負一個長期的病人，每月花費五十佛郎左右的藥費，以此類推，他竟放大胆量，把全邑居民都弄在牀上，祇留些要照顧其餘

的人就夠了。或正在生病的人後面組成一種後備病人，他這樣別開生面的欺詐手段其心機也可謂惡極了，但勒米夫人竟說他不是一個自私自利的，也不是故意在一些本來沒有病人身上找出一些病來的醫生，無怪其他的人們，也都中了他的詭計了，

克氏全不懂醫學，祇懂得那兒羣衆的心理，他拿免費診視的招牌去吸引和威嚇羣衆，獲得成功，這種手段，値得嘖嘖稱羡，他後來雖想去里昂，以冀獲得意外的橫財，但竟會被勒米夫人和莫斯給阻住，不過我們仔細一想，勒米夫人所以稱克氏是一位眞正醫師，原爲克氏曾替她檢查身體有十次之多，他終是說她什麼病都沒有，因此她深想克氏不是一個故意在本來沒有病的人的身上找出病來的醫生，況且克氏又掛着免費診視的招牌，她以爲克氏是不愛錢的，她那裏知道在藥費內大有漁利可圖呢！在克氏方面，他所以不把勒米夫人弄上牀去，因爲她是旅店內的主婦，她若生了病，誰去照顧其餘的人呢！若住在旅館內的人覺着招待不週，又沒有旁的旅館可住，那他們或許因此不來請克氏診視了，那克氏竟會要增加他一個顧客起見，而反減少他大批顧客，這那裏合算呢！所以他不把旅店主婦，弄在牀上，就是這個緣故！且借勒米夫人的宣傳，更使他營業發展！所以克氏的會打算，可見一斑！但勒米夫人所以不放他去里昂，也爲了她的營業關係，帕氏在那兒已行了二十五年的醫，但始終沒有介紹一個病人住在她的旅館內去過，而克氏祇不過來了三月，竟會使她的旅館內有客多榻少之慨，以後她的營業發達，更無限量，因此她死也不放克氏去里昂的，

莫斯給所以不肯放克氏離開那兒，也莫非爲了他自己生意的緣故，帕氏在那兒的時候，他不過每年賺得一萬佛郎，而克氏一來，他竟在三個月以內，已經賺得比從前全年多五倍了，他以後的生意也要隨着克氏而望興盛，因此他那裏肯放這位活財神去里昂呢！總而言之，他們都是狼狽爲奸，不過最可痛的，那兒全邑的居民，竟沒有一個起來反對克氏這種行爲，不過從這裏我們可以推測那兒是一個小鎭，所住的人民，都是知識淺薄，且他們從來沒有領教過眞正的良好醫師，從前的帕氏也不過是一個明顯騙錢的人而已，一個値得四個蘇的藥方竟要付八個佛郎的診費，現在克氏竟創設免費的診視，他們那能不會承認克氏是一個良好的醫生呢！他們的好奇心，趁免費的時間和克氏談談，不料從此投入他的圈套內，他們只知道他們所付的是藥費，那裏知道巨大的診費就包括在裏面呢！概括一句

說，他們都是可憐虫！克氏知道他們都是終年勤勞的農夫，利用他們渴求休養的心理，再用若不保重身子，便要到絕命的時候，像畜生一樣倒斃不可救治的那些話去威嚇他們，他們那裏不去上他的圈套呢！克氏還能夠洞窺他們的財力，狀況，而定吸收醫藥費的標準，很像貪官汚史看了地盤的情形去吸收人民脂膏一般，我們老大中國，土地這麼大，小鎭小鄉這麼多，江湖行醫斂錢的，恐怕到處便可找得到，尤其在窮鄉僻處的小地方，正式的醫師絕跡，只有任使那批江湖行醫的在那裏活躍着，醫政取締的力量也是達不到的，不過一般愚民被他們騙去了錢，算是倒霉，最可惡的，說眞方，賣假藥，把愚民的生命如同兒戲，讀了這本「醫學的勝利」不啻爲中國醫藥近況寫照呢。

（完）

伍光建譯約瑟安特路傳

葉維

上海商務印書館發行
民國十七年四月初版
民國廿二年四月重印
三五三頁　一元一角

十八世紀時代，英國出了兩位大小說家，名相伯仲，而作風迥殊。他們就是利查孫 (Samuel Richardson. 1689—1761) 和費爾定 (Henry Fielding. 1707—1754)。前者以善於言情著，極為約翰孫 (Samuel Johnson) 所稱道，但是胸襟狹隘，思想凡庸，缺乏幽默，注重道德，著書以訓誨為目的，於情節人物的真實性，時有忽略。韓自康 (William Hazlitt) 說他閉戶造車：當他伏案著書之時，好像是斗室以外，世上並無別物。後者見多識廣，學富才高，本自己的經驗觀察，著為小說，長於諷刺，富於幽默。Thackery 對他，揄揚備至。但因放蕩不羈之故，蒙有『不道德』的罪名，致為約翰孫所憎惡。

一七四〇年，利查孫出版了一部信札體裁的小說，名為潘蜜臘 (Pamela)，又名貞潔的酬報 (Virtue Rewareded)，自稱著書的目的，是以引人入勝的筆墨，灌輸宗教道德的大義，使讀者不但怡情，兼能獲益。書中的女主人翁潘蜜臘，在某貴婦家充當使女，被其少主人所看中，一旦貴婦逝世，少主人就乘機進攻，欲行非禮，但是潘蜜臘守身如玉，不為所動。結果，少主人只得向她正式求婚，她不再拒絕，與他結為夫婦，享受榮華。這就是她的『貞潔的酬報』！這書頗能表現當時女性的虛偽情感，迎合世俗的道德觀念，出版之後，風行一時，且被譯成法文與荷文。我們以現代的眼光來讀此書，實在覺得肉麻。這種虛偽的道德，因襲的禮教，表面上是玉潔冰清，實際上是自私自利。所以小仲馬把『資本』來喻潘蜜臘的貞操，W. E. Henley 也痛詆這書的卑俗。

費爾定是痛恨虛偽的人。他以為真正可笑之事，莫不是從虛偽上起 (見約瑟安特路傳序)。他覺得潘蜜臘是部矯揉造作的書，而世人的過分推崇此書，也不無虛偽之處，自非加以嘲弄不可。

但潘蜜臘是匿名出版的。那時有個戲劇家，名叫柯萊西勃 (Colley Cibber)，素與費爾定有隙。他曾著過一部自傳，叫 An Apology for the Life of Colley Cibber，思想甚爲卑俗。因此費爾定就疑心到潘蜜臘是他所作。

一七四一年，坊間出了這一部書：An Apology for the Life of Mrs. Shamela by Conny Heyber。我們雖無鐵證來斷定這是費爾定所著的書，但是大家都認他是此書的著者，他也不曾否認。書中的情節是：甲教士以潘蜜臘一部贈乙教士，乙教士回答他說，潘蜜臘是確有其人的，並且和他相識，但她原名謝米拉 (Shamela)，她給她父母的書信的內容，也並非如這書中所載的那麼一回事。爲欲證明其說，費爾定就戲擬潘蜜臘體，寫了若干書信，自稱是謝米拉原來的信，把前書挖苦得窮形盡相，有時還故意採用原作者的文字，不加竄改。

一七四二年，費爾定出版了他的第一部小說，就是約瑟安特路傳。在這書中，他給潘蜜臘添了一位兄弟，就是本書的主人翁約瑟 (Joseph)；又給她的少主人添了一位嬸母，就是布比夫人 (Lady Booby)。約瑟在布比夫人家中，充當男僕；夫人見他生得容顏俊俏，就鍾情於他。一旦丈夫死去，她就有意下嫁；無奈約瑟和潘蜜臘一樣矜持，她千方百計，終難如願，後來惱羞成怒，擯之使去。約瑟原有愛人，名叫芳耐 (Fanny)，本來也在布比夫人家中傭工，後因貌美被遣。約瑟辭了夫人，就去尋找芳耐，途中遇見好友阿當士教士(Adams)，後來又與芳耐相逢。阿當士是個理想主義者，不通世故，到處吃虧，與約瑟等一同行路，途中的奇遇，層出不窮，使此書成爲一部『行路史詩』(Epic of the Road)。著者處處根據現實，插入了種種有趣的事蹟，與形形式式的人物，描摹了無限世故人情，揭穿了許多虛僞狡詐。到後來，他又言歸正傳，說起主僕重逢。布比夫人還想能諧好事，而約瑟終與芳耐結婚。夫人計不得逞，只好罷休，後來另有新歡，也漸漸忘舊。著者鑒於當時流行的傳奇，荒誕不經，於是有意另闢蹊徑，着重寫實。這或者是他所以作書的主要目的。不過此書的開端，分明是戲擬潘蜜臘的。歷來的批評家，差不多都說他的本意，是在嘲笑潘蜜臘的作者，不過寫到後來，覺得自己創造的人物，非常有趣，只顧敘述他們的情事，反把原意忘掉。請看前幾章約瑟給潘蜜臘的信，作者的用意豈不昭然若揭？

伍光建先生之譯約瑟安特路傳，大概是爲利查孫出氣的。在這譯本裏面，我們到處發現他和費爾定開着頑笑的痕跡。謂余不信，請閱下文！

一　刪削遺漏

遺漏或出無心，刪削却是有意；二者的結果，都對不起原著。約瑟安特路傳的原名是：

The History of the Adventures of Joseph Andrews, and his Friend Mr. Abraham Adams, Written in Immitation of the Manner of Cervantes, Author of Don Quixote

如嫌完全譯出太過累贅，則亦應在序中說明。又自序原文，長及八頁，而譯文僅有二頁，雖已聲明節譯，亦嫌過於簡短。至於正文，雖未聲明節譯，但仍節譯如故。茲列舉其重要之處：

(一)原書（世界名著本）一一頁一八行下刪去十八行；

(二)三三頁三三行下刪去十四行；

(三)七一頁三四行下刪去二十四行；

(四)九二頁刪去第一至十一行；

(五)一四二頁一四行至次頁三〇行，僅被譯成五行；

(六)一四六頁二二行下刪去七行半；

(七)一五二頁第五行至次頁十一行，僅被譯成四行；

(八)一六〇頁刪歌一首，共六節，凡四十八行；

(九)一七四頁二〇行下刪去十二行；

(十)一九六頁至一九八頁，共三頁，僅被譯成八行；

(十一)二〇一頁二二行下刪去八行；

(十二)二〇八頁第八行至二一〇頁二〇行，僅被譯成四行；

(十三)二一二頁被刪原註十一行；

(十四)二五四頁三〇行至二五七頁一一行，僅被譯成七行；

(十五)二六二頁刪詩一首，共八行，又原註二行；

(十六)二八〇頁被刪戲文十三行。

以上被刪之處，如果完全譯出，也可訂成一本小書！

我想伍先生的任意刪削，大概不出四種原因：

(甲)性急求進，貪圖速成，因此就偷工減料，自欺欺人。

(乙)避難就易，怕見敵人，因此就棄甲曳兵，向後直奔。

(丙)享了大名，自信過深，因此就化繁爲簡，以顯手段。殊不知一不留神，反露馬脚！ 例如原書第二四頁有句形容司利洛的醜態，大意是說：『她的身子，粗得和牛一樣，尤其像牛的是胸前長着兩個烤黃色的大肉球』。伍先生缺乏眼力，把它删割。 但這本是『伏筆』，去掉便失關節。 因爲後文(四卷十四章)還說亞當半夜捉姦，誤認司利洛爲男，後來摸着她的『高聳如山』的乳房，才曉得她是女的。 又二九三頁中記約瑟御馬前進，以救芳耐之被摔下地，原著者用"withcut having any regard to the lovaly part of the lovelv girl which was on his back" 一語。 伍先生大概以爲有傷風化，把它完全删去。 諸如此類，不勝枚舉。

(丁)不懂原文，只好不譯。 這可分爲四類：

(一)不懂英文：例如三一三頁之 cumfarting (卽comforting)，eading (卽aiding) 及 abating (卽abetting) 三字，七一頁之 a—(卽anus) 字，一九〇頁之 French distemper (指花柳病) 兩字，都非懶於參考的伍先生所能懂得。

(二)不懂典故：例如一六七頁形容司利洛的吃醋說：『臨走時釘了芳耐一眼，彷彿是像戲臺上的 Cleopatra 之對 Octavia 一樣』。 按此不僅見於 Dryden 的 All for Love，卽在本文中亦隱約暗示，因爲前者是一有名的風流女主，後者是一羅馬皇后的名字。 伍先生假使懂得這個典故，非但可以保留，且可以意譯之。

(三)不懂詼諧：例如一五二頁敍述阿當士被誣受審之事，地方官和他說道：『你雖然是教士打扮，可是不能享受教士的特權』(按教士被控於普通法庭，可以要求移至宗教法庭審判，不致被判死刑)。 有一個善於詼諧的人說道：『不然，他可以享受一種教士的特權，他要高居衆人之上』。 這話語意雙關，譏刺阿當士將被處死，高懸示衆。 乃伍先生不懂，認爲無味而删之。

(四)不懂異國文字：例如一一五頁的"Oh! serviteur tres humble, Je vous entend perfaitement bien" 是一個欺軟怕硬的人所說的話。 他本非常强硬，後見人家快要動武，立刻軟化，用法文說道：『唉！ 請你高抬貴手，你的意思，我十分明白』。 伍先生删去不譯，莫非是替他遮羞？

二 草率拙劣

伍先生是譯慣了長篇鉅製的人，這次大材小用，當不屑於刻意求工。結果是：

(甲)文字不通：例如譯本二二頁之『噯。愛情呀。愛情呀。你爲什麼對男人們女人們要無限若干的把戲……』。『無限』與『若干』連用，殊屬不通。

(乙)註釋不詳：凡書中引用古典，論及時事，以及文字晦澀或幽默之處，均宜詳爲註釋，以便讀者。例如原書四一頁錄約瑟致妹潘蜜臘的信中說：『但我希望學你的樣，並學那位與我同名的約瑟的樣』。所謂『與我同名的約瑟』，是指聖經中的約瑟。這位約瑟，眞了不得，他也拒絕過女主人的求歡，而且因此被她誣諂，關在牢獄裏面（事見創世紀第三十九章）。費爾定之所以名其主人翁爲約瑟者，蓋有故也。伍老先生遇此難關，大概是注釋不出，索性把它漏譯，可算是澈底之極。又第五一頁底的poor wretches in redcoats 係指兵士（猶現代中國人以『灰老鼠』稱兵士），而伍先生譯作『穿紅衣的窮漢』，並未加註。這叫讀者那裏懂得？

(丙)缺乏幽默：原書六一頁記店主婦說：They were likely to thrive; who kept a house of entertainment for beggars and thieves. 本是一句反話。伍先生過於認眞，把它糾正，譯作：『客店裏招集了許多乞丐同盜賊，生意是不會興隆的』。又原書一卷十二章記約瑟途中遇盜，遭了毒打，衣服也被剝光。後來有一馬車，路過其旁，車中乘客，把他救了。但有一位女客，假充正經，決不肯與一絲不掛的人同車。幸虧馬夫把他自己的大衣，借給約瑟蔽體，約瑟才得上車。車中有位男客，愛在女客面前，胡說八道。於是『他就屢次提起亞當和夏娃，還說了些關於無花果和無花果樹葉的妙語（按亞當夏娃以無花果樹葉蔽體）；聽了眞惱的，大概就是約瑟，別人聽了，或不甚惱』（原文見五〇頁）。這是費爾定有意挖苦那位女客的文筆。上文還說她拿扇骨（不是扇面！）遮住眼睛，不願看見赤身露體的約瑟。伍先生『斷章』而不『取義』，把這一段妙文，譯成下式：

那個……客人。說取笑的話。說了好幾次亞當和夏娃的故事。說到無花果和無花果樹葉的好處。叫約瑟聽了很難過(頁四二)。

(丁)模糊含混：校勘別人的繙譯，最怕是遇見潦草塞責，意義模糊之處。伍譯這種毛病，比任何人的都多。客氣一點，姑不判爲錯誤！茲舉一例，以告讀者。原書一〇六頁，有一段說：

我怎能告訴你以我之盼望佳期是怎樣性急？常言道，人生最大的快樂是希望未來，但到那天，我將證實這是瞎說。我如今最有理由，誰也不曾有過更充足的理由，相信這點，因為我正興高采烈地自思自想：將來的日子，我要和你這樣的伴侶一同過度，而且我終身的一舉一動，都要得到一種光榮的滿足，就是使你快樂，這時候，我的樂趣是誰也不曾嘗過的。

這是一封情書中的一節。原文委婉曲折，的確難譯，但如伍譯之模糊含混，似尚未便交卷。他的譯文如下：

常言道。希望的歡樂。比實受的歡樂好。我却不贊成這句話。我故此很盼望結婚的那一天。但是我相信希望將來的歡樂。未有能够比我希望得那樣親切。我也相信我將來的一舉一動。無一件不是為你的歡樂設想(頁九七)。

三 荒謬錯誤

這部繙譯，『錯誤百出』，幾乎是『皮之不存，毛將焉附』！為它校勘的人，絕對不必『吹毛求疵』。今為篇幅所限，只好按其性質，解剖一番，分門別類，略舉數例：

（甲）不識文字：伍先生譯書之時，大概是不屑於翻字典的，所以往往譯錯。此種錯誤，可更分為三類：

（一）不識單字：有時他所不識的字，在全句中不關緊要，所以錯誤不過限於局部。例如他譯elderly（垂老）為『年紀很老』，lined（襯裏）為『鑲邊』，reason（理智）為『理想』，recruiting（募兵）為『練兵』等等，都是。但有時他所不認識的，剛巧就是重要的字，因而全句皆誤。例如：

（1）原本五四至五五頁，有這一段：

Barnabas ......told Tow-wouse he could do his guest no service: for that he was very light-headed, and had uttered nothing but a rhapsody of nonsense all the time he stayed in the room.

伍譯作：

巴那巴……告訴店主。病人心理很輕鬆。滿嘴說的都是狂言。用不着他去安慰他的靈魂(頁四七)。

按light-headed之意義為『神志昏迷』。因為昏迷了，所以『滿嘴說的，都是狂言』。至service一字，則指牧師所做的送終祈禱——送他『到另一個世界去』，譯作『安慰』，不妥之至。

（2）原本三二九頁，有一段詼諧的紀述：

......but he was not satisfied with the civility of a salute, nor even with the rudest attack he could make on her lips……

伍譯作：

芳耐對他很客氣。讓他肆行粗暴的接了吻。他還不心足(頁三〇六)。

這句誤在不懂salute就是kiss(例如 to imprint a chaste salute on her lips)。上文說過：有一個少年紳士，見了芳耐，便要和她接吻。她無法抵抗，只好順從，且求他勿過於鹵莽。那曉得他是非常粗野的，斯斯文文的行個『文明禮』是不夠的，甚至於肆行狂暴，拚命的吻了他的香唇之後，還不覺得滿足，竟又摟住了她，要吻她的酥胸！

(二)不諳複語：單字尙不認識，遑論複語！例如：

(1)原本頁九，有一句開頭說：

In this light I have always regarded these biographers……

伍譯作『因爲這個道理。故此作者很敬重那些……作傳的人』(頁三)。眞正錯得豈有此理。按to regard one in this light 等於 to take this view of him，等於『把他這樣看法』。伍先生如此亂譯，那有能得我們『敬重』的『道理』！

(2)原本五九頁，有一句說錯了的俚語：

Ifags! the gentleman has caught a traitor.

伍譯作：

客人捉了一個反叛(頁五二)。

按 traitor 應作 Tartar，被店主婆說錯了。To catch a Tartar 等於 to find intended victim more formidable than one expected. 上文說阿當士和外科醫生辯論，阿當士拙於言辭，外科醫生雖一知半解，却好自炫淵博，所以店主婆說道：『這位先生可惹了不好惹的了』。伍譯生呑活剝，荒謬之極。

(三)不解古義：費爾定的英文和現代人的英文，偶有不同處，須加注意。例如：

I do presume to confer in this point with all who have taught from Chiron's time to this day (P. 247)

一句中之confer，義同compare。所以這句應譯『在這點上，我眞敢與古往今來的教書先生們比個高下』。伍譯confer爲『討論』(頁二三八)，是以今義釋古文了。又如：

He is the handsomest, most properest man I ever saw (P.321)

一句中之 properest，實與 handsomest 同解，可譯『最漂亮』或『最體面』。伍譯『最正經』(頁二九六)是錯了。As You Like It 第三幕第五場中，Rosalird 對 Silvius

說：''You are a thousand times a properer man than she a woman''，可供參證。

(乙)不管文法：伍先生譯費爾定的名言說：『我們有一位大著作家。名叫西巴爾。他不管文法不文法。把我們英國文字糟塌到不成樣子』(頁二三)。伍先生自己，大概就是西巴爾的同志！證據在此：

(一)不管數別：如譯 ''to establish……a certain Rule of Right'' (P.225) 爲『定了幾條人與人相處應守的道德』(頁二〇七)。

(二)不管性別：如譯 ''did ever mortal hear of a man's virtue?'' (P.34) 爲『世人那裏聽見過什麼人是有道德的』(頁二七)。按人有道德是什麼人都聽見過，惟『男人的貞潔』纔不容易聽見。約瑟拒絕貴婦的求歡，要保持自己的貞潔，夫人認爲太不近情，所以生了氣說：『誰聽見過什麼男人的貞潔？』

(三)不管格別：如譯

and if fear had too much ascendance in the mind, the man has rather to be pitied than abhorred: ……reason and time might teach him to subdue it (P. 140)

爲：『有些人是天生無勇的。這種人只好可憐他。不該嫌恨他。總要花些時候。教他們不要害怕。或者可以改變過來』(頁一三二)，將原作主格的『理智與時間』中之『理智』刪去，並將『時間』改成賓格，另外添上一個主格(花時間的)。

(四)不管前述詞：如譯

What riches, or honours, or pleasures can make us amends for the loss of innocence? Do not that alone afford us more consolation than all worldly acquisitions? (P. 54)

爲『我們若是失了貞潔。無論什麼富貴。什麼歡樂。也補救不過來。想到這一層。比得了世上什麼財寶。都可以自慰』(頁四六)，就把前述詞認錯了。按 that 的前述詞是 innocence 不是第一句。

(五)不管時間：如譯

She tumbled……in her bed, with very short intervals of sleep, and those…… filled with dreams of the equipage, and fine clothes she had seen, and the balls, operas, and ridottos which had been the subject of their conversation (P. 110)

爲『牀上亂翻身。每次睡着一回子。作的都是好夢。夢的不是闊馬車。就是闊衣服。夢中的談話。都是說跳舞。戲院』(頁一〇二)，竟把睡前的談話當作夢裏的談話。

(六)不管語態：如譯

The aunt was almost borne down with this torrent of words (P. 117)

為『伯母受這一場痛罵。只好忍受』(頁一〇九)。按 was born down 是所謂『被動的語態』，意義等於 was overthrown。所以全句的意思是『這一片滔滔不斷的話，幾把伯母窘倒』。若將 born down 改成 bear，才能譯為『忍受』。

(七)不管語氣：如譯

Indeed I could wish I had never heard more of the poor creature……(P. 220—221)

為『我那時候很不願意曉得他的消息』(頁二〇三)，就未辨明 could 一字的語氣。按說這話的人，曾和某婦拆姘，後來聽說她又變為蕩婦，病死獄中，非常難受，所以『恨不得當初分離之後，就不再聽見這個可憐蟲的消息』。

(八)不管分詞：如譯

The mother took her child lamenting and carrying the dead favorite in her arms out of the room (P. 243)

為『女主人一手領女孩子。一手抱死狗。走出房門』(頁二二四)。按 lamenting 和 carrying 兩字，都是形容那個孩子的。所以當時的情景是：女主人攜着孩子：孩子抱着死狗。

(九)不管字的用法：如譯

……Adding, he need not scruple trusting them in his possession. 'No', said the bookseller, 'if it was a play that had been acted twenty nights together, I believe it would be safe'(P. 78)

為『他把稿子帶走。你很可以放心的。賣書的說道。不然。若是編的是戲。演過了二十晚上。我相信是安穩的』(頁七一)，就沒有管 no 字的用法，以致鑄成大錯。按巴那巴斯阿當士把經義稿子交給賣書的人，不必疑慮。賣書的說：『對，就是一個連演過二十夜的戲本，我相信交給我也沒錯』。No 字是跟着 need not 說的：這是英文中一種慣例；如果譯成中文，有時須將『否』改為『然』，方合原意。伍先生既把『不必疑慮』改成『可以放心』，而仍誤譯 no 為『不然』，可怪之極。如果他的譯法是對的，那末，這位賣書的人，一定是發神經病的。因自『不然』以下，明說他是不配享受阿當士的信任的。

(十)不管句子的組織：如譯

'It is not for me,' answered Joseph, 'to give reasons for what men do, to a gentleman of your learning' (P. 187)

爲『約瑟答道。他們爲什麼要騙你這種有學問的人。我却說不出來』(頁一七三)。 按依原句的組織，這句應譯：『我不配向你這樣有學問的人，解釋人家的行爲』。

(十一)不管問歎之別：如譯 What news I have to tell you! (P.40) 爲『我有什麼新聞告訴你呢』(頁三三)。 按這句下有感歎號，所以what不作『什麼』解，應作『何等駭人』解。 約瑟原意是：『我將告妹以何等駭人的新聞！』

(十二)不管插句：如譯

Now suppose she was mistaken, as you love her you say so tenderly, and I believe she deserves it, would it not have been wiser to have yielded, tho' you certainly knew yourself in the right, than to give either her or yourself any uneasiness? (P.345)

爲

譬如說。你的女人當眞是錯了。你既然很愛他。你就該讓他。很溫柔的說。是不錯的。不錯的。省得吵鬧到彼此心裏都難過(頁三二〇)。

按原文的意思是：『就算是她錯吧，但你既說對她很有柔情，而我相信她也受之無愧，你就讓她點兒，縱然明知自己有理，也不和她計較，這豈不比鬧得她或自己難受聰明些？』 伍先生不懂逗點常有括弧的作用，其間也可容納插句，於是曲爲解釋，硬叫 tenderly 來形容 say，並爲 say 字杜撰賓格——『是不錯的，不錯的』！

(十三)不管引號：如譯

He then went up to Adams, and telling him he looked like the ghost of Othello, bid him 'not shake his gory locks at him, for he could not say he did it.' (P.123)

爲『又走到阿當士面前說道。你很像戲臺上的鬼。你不要對我搖頭。不是我潑的』(頁一一四)。 按阿當士被店主婆潑了一頭的豬血，這個人就引莎士比亞的戲文(Thou coudst not say I did it: never shake thy gory locks at me——馬克白第三幕第四場)來取笑，可是說錯了。 這是費爾定有意造來挖苦那位自炫淵博的客人的。 伍先生不但不明這點，且誤以爲did it 是指潑血，豈不是把原文的引號視若無物了？

(丙)昏庸愚昧：伍先生的英文程度，固然不高，而其腦筋，尤爲愚笨。 故雖遇見了極其淺顯的文字，也要譯錯。 例如：

(一)譯錯did not more……than：如把

This fine figure did not more entirely engage the eyes of every lady in the assembly than Leonora did his (P.109)

譯作『在場的女客。他是個個留心。尤其留心的是利諾拉』(頁一〇〇)。 按依原文之意，這句可節譯如下：『這位漂亮人的集中注意於利諾拉，正不減於在場各位女客的注意他』。

(二)譯錯 manner：如把

She viewed him sometime in silence, and twice or thrice before she spoke, changed her mind as to the manner in which she should begin (P.32)

譯作『夫人看他好一會。不響。心裏已經把對付他的辦法變了好幾次』(頁二五)。 按manner是指『怎樣開始啓口』，非指『對付他的辦法』。 貴婦雖淫，終覺要向男僕求歡，難於啓口，所以默然者片晌，肚子裏再三打算如何啓口。

(三)譯錯極淺近的文句：如把

……As the people of fashion exalt themselves at church over the heads of the people of no fashion; so in the play-house they abase themselves in the same degree under their feet (P.164)

譯作『在教堂裏頭時髦派。昂頭天外。得意揚揚。在戲院裏面。却被非時髦派出盡風頭。時髦派却被他們打倒。不敢仰視』(頁一五一)，可謂想入非非，故弄玄虛。 按原句的文字與文法，都很淺顯，繙成國語，就是：『在教堂裏是時髦人坐在上面，不時髦人坐在下面；在戲院裏却正與此相反』。

(四)譯錯名詞：如把

And yet there are scarce two of these, who do not think the least familiarity with the persons below them a condescension, and, if they were to go one step farther, a degradation(P.165)

譯作『上一級的絕不肯屈尊同下一級的有什麼往來的。不幸降低一級。就是大辱』(頁一五二)。 按在原文，『屈辱』是當名詞用的。 伍先生把它當作副詞，以致淹沒了原文中所分的層次。 這句應譯：『……以爲和下一級的人稍微親近，就是屈尊，倘若更進一步，就是降格』。

(五)譯錯yes：如把'Who's there? Betty?' 'Yes, Madam' (P.51) 譯作『比提。是誰。女僕答道。瑪當。是我』(頁四三)，很不切合原來語氣。 Yes就是『是的』，沒有『我』的意義。 伍先生不懂第二個問號的作用，故譯 yes 爲『是我』。 按店主在其老婆未醒之時，早已起身；所以當她睡眼朦朧之時，伸出胳膊來摟他，就落個空。 使女不先不後，剛在這時進門，主婦遂問：『是誰？ 比提嗎？』 而比提的答覆是：『是的，夫人』。

（六）譯錯別字：司利洛是一個無知的蠢婦，偏愛咬文嚼字，以致約瑟聽了，『簡直的是不懂得她說什麼』。 但伍先生爲她繙譯，應該懂得她的心裏想說什麼。 可是碰到了這樣一句：

> If we like a man, the lightest hint sophisticates. Whereas a boy proposes upon us to break through all the regulations of modesty, before we can make any oppression upon him. (P.25)

一共只有兩個別字，譯者就莫明其妙，和約瑟一樣笨了！他的譯文如下：

> 若是我們女人。愛上成年的男人。若是流露一點。就會把事弄壞了。男孩子們却是不管我們什麼羞怯。只要看見我們。還不曉得認真了沒有。就要動手（頁一七——一八）。

果眞如此，約瑟的『貞潔』是早不保了；司利洛的『天鵝肉』也早吃到了。 可惜約瑟不是那種靑年，始終沒有『動手』，所以司利洛生了氣，說道：『如果我們喜歡一個大人，只要稍微露點意思，就夠了。 而今看中一個小孩，可不好辦；要想產生一點影響，非得不顧臉面，打破一切男女間的規矩不成』。 這兒的 sophisticates 應作 suffices，oppression 應作 impression。

以上諸例，都是絕不應該譯錯而被譯錯的，足證譯者頭腦之糊塗！ 下面幾段，文義較深，伍先生看了，當更手足無措。 例如：

（一）原本二三三頁：

> If it was possible for a Coquette to love (as it is not, for if ever it attains this passion, the Coquette ceases instantly) it would wear the face of indiferance, if not of hatred to the beloved object;

伍譯作：

> 這種人原無愛情。若是偶然一刻間流露眞愛情。（他們的愛情一發現。就立刻消滅了。）也要裝不理他所愛的人。有時還特爲裝出討厭所愛的人神氣（頁二〇四）。

按原文的意思只是：『假設這種賣弄風情的女子也會愛人（其實這是不可能的，因爲一旦到了愛人的地步，這東西就立刻不成其爲賣弄風情的女子了），則其對於所愛的人，即使不會裝出憎恨，也要裝出冷淡的樣子』。

（二）原本二九九頁：

Restless, interrupted slumbers, and confused horrible dreams were her portion the first night.

伍譯作：

自從又看見約瑟之後。當天晚上。就不能酣睡。一夜輾轉反側。有時纔閉眼。一會又醒了。作了許多惡夢（頁二七五）。

按自第一卷第十章說約瑟被遣以後，就把布比夫人擱開不提，專敍約瑟等在途中的奇遇，到了第四卷裏，約瑟與布比夫人重逢，作者就不得不補敍布比夫人的事。這句說她辭退約瑟之後，當天晚上就輾轉反側，不能安睡，不是說她重見約瑟之後『不能酣睡』。

（三）原本三〇〇頁：

Reflection…… suggested to her, that she herself had dismissed him for no other fault than probably that of too violent an awe and respect for herself; and which she ought rather to have esteemed a merit……

伍譯作：

又想到自己所以把他閧走。全是出於自愛。這原是自己的好處（頁二七五）。

按原文說的是：『她想約瑟也許是因為過於敬畏她，所以不敢苟且，以致被她辭退，並沒有別的錯處；而且這實在是他的好處，不該怪他』。

（丁）荒誕離奇 'to err is human'。伍先生英文差池，腦筋愚笨，以致譯錯，非不可以原諒。但是有時他的譯文過於神化；我不得不舉例若干，以供賞鑑：

（一）張冠李戴：例如下面一句：

'And did you not mark how it vanished?' returned he, 'tho' I am not afraid of ghosts, I do not absolutely disbelieve them (P. 202)

本是阿當士一個人所說的話，而伍譯作：

阿當士又問道。你可看見那燈光閃了一會子。又看不見了麼。約瑟答道。我是不怕鬼的。但是我並不相信無鬼（頁一八七）。

竟把下半句作為約瑟所說的了。

（二）是非顛倒：如把 more shame for them (P. 59) 譯作『原不必引以為恥』（頁五一）。

（三）人我不分：如把 Dost think the man will venture his life? (P. 175) 譯作『你以為他真敢要我的命嗎』（頁一六二）。

（四）改竄鬼籙：如把

It (dispute) …. would have ended fatally, had not the death of the clerk given me an opportunity to promote one of them to his place; which presently ended the dispute ….(P. 157)

譯作：

……有幾次幾乎更鬧出命案。幸而兩個人之中。有一個病死了。纔算是不能丼爭吵了(頁一四六)。

按死的是第三者，不在『兩個人之中』！

(五)指鹿爲馬：如把 not unlike that of a goose (P. 170)譯作『好像鴨子走路』(頁一五七)。

(六)變人爲獸：如把

This gentleman was generally said to be a great lover of humour: but not to mince the matter, especially as we are upon this subject, he was a great hunter of men : indeed he had hitherto followed the sport only with dogs of his own species ; he kept two or three couple of barking curs for that use only(P.254)

譯作『這個人最好開頑笑。最喜歡嗾狗追人』(頁二三三)。按原文將人比狗，將惡作劇比打獵。 這位先生不但養有獵犬，喜歡打獵，還養了些『狐羣狗黨』，專爲和人惡作劇用。 但是今天阿當士睡在地下，被獵犬誤噬，醒而狂奔，他看見了就異想天開，把阿當士當作了兔，叫獵犬前去追他。 這不過是一時的新鮮花樣，平時不曾『嗾狗追人』。 下章專叙他和亞當士惡作劇之事，有一句的意思是：『他爲了和人開頑笑，老養着一羣我們所曾喚爲惡狗的人』(P. 261)，竟被伍先生刪去了。

(七)胡謅歪纏：例如把

…… As she had just delivered a cup of ale to Adams, he snatched it out of his hand, and crying out, 'I caal'd vurst' swallowed down the ale. Adams denied it; it was referred to the wife, who, tho' her concience was on the side of Adams, durst not give it against her husband. Upon which he said 'no, Sir, no, I should not have been so rude to have taken it from you, if you had caal'd vurst; but I'd have you know I'm a better man than to suffer the best he in the kingdom to drink before me in my own house, when I caale vurst.' (P.173)

譯作：

這女人拿了一鍾皮酒給阿當士。特拉理……一手把那鍾皮酒從阿當士手上。搶過來。喊道。我要的是頂壞的酒。立刻一口氣喝下去了。阿當士說不是壞酒。就問那女人是不是頂壞的。那人按着良心說話。原要幫阿當士說。不是壞的。卻不敢顯然反對他的男人。特拉理說道。先生。你不曉得。你若是說是頂壞的酒。我不能這樣無禮。當着我的面。讓你吃頂壞的酒(頁一六〇)。

按 vurst一字是 first 之誤，伍先生把它看作 worst，所以寫出這樣一段妙文。原文說男主人要在太太面前顯示威風，所以一手把酒奪去，嚷道『是我先要的』，一飲而盡。亞當士不承認；於是請女主人公斷。誰知她因不敢公然得罪其夫，未便憑良心說話。男主人乃說：『先生，如果是你先要的，我不能這麼不顧禮貌，把酒搶了去；但是我要讓你知道，我不是個賤骨頭，既然是我先要的，那怕是一國之王，我也不能讓他在我家裏比我先喝』。伍先生把『先要』譯作『頂壞』，在繙譯裏可算『頂壞』！

（八）裝聾詐癡：如把 "...... which, if the reader is impatient to know, he must skip over the next chapter"(P. 282)譯作『請看下回。便知分解』(頁二五七)！

按伍先生是删削老手，難道還不懂得 skip over?

（九）誣賴好人：如把

Then she thought of revenging his refusal on herself : but whilst she was engaged in this meditation, happily death presented himself to her in so many shapes of drowning, hanging, poisoning, etc. that her distracted mind could resolve on none(P. 85)

譯作：

在那裏要想法報仇雪恨。因爲弄死他的方法太多。淹死他。吊死他。毒死他。都想到了。却拿不定主意(頁七八)。

按原意是說：約瑟坐懷不亂，比提被他拒絕，羞憤難當，欲尋短見。但當她籌自盡之時，想起自盡的方法，不止一端，有淹死，有上吊，有服毒，等等，精神錯亂的她，殊屬不能決定如何自盡。

（十）移花接木：如把

...... and to your merit, Horatio. I am obliged, that prevents my being in that most uneasy of all the situations I can figure in my immagination, of being led by inclination to love the person whom my own judgement forces me to condemn (P.107)

譯作：

賀理舒呀。我不怕難爲情。我供給你聽。我自己的裁判力，不讓我嫁你。但是因爲你有許多長處。我甘心願意的嫁你(頁九八)。

按原意祇是『賀理舒啊，多謝你不是凡庸之輩，免得我左右爲難，明知不該愛你，而又偏偏愛你』。上文曾說：『……你這樣的男子，自然是人人愛慕；我說給你聽，也不怕害臊』。伍先生把 nor am I ashamed to own it

插入這段中，以致語無倫次。

(十一)覆雨翻雲：譯本三三八頁第五行有這樣四句：

司利洛因爲胡思亂想。總想不到意中人下顧他。立刻決意犧牲貞潔。快活個落花流水。

我看了之後，以爲下文必然是描寫司利洛的怎樣狂歡的。那知道原來如此：

可巧這個失魂小哥。落在他手上。他就要趁這個機會。恢復名譽。……
……大喊道。你這個無賴。你當我睡着了。强姦了我。我要告你。

怎麼頃刻之間，就翻了臉？ 女人的心，眞是難測！ 一看原文，方才明白：有一蕩子，看上芳耐，半夜起來，偷香竊玉，不料誤入司利洛房中。 他以爲司利洛是芳耐，於是學着約瑟的口音，向她求歡。 司利洛也以爲他是約瑟，喜不自禁。 但是這個錯誤，不久卽被發覺。 她本來胡思亂想，以爲肥肉已經到口，眼看就要飽嘗異味，不料竟成畫餅。 但她是個頗有心眼的人，自己曉得近來行爲不檢，難免有沾聲譽，便想趁此機會，亟圖補救；於是就決意效忠於貞節，立刻做一件犧牲之事。 活該那個蕩子倒霉，倒成了她的犧牲品。

讀書劄記

商務印書館出版
法國左拉著　王了一譯
全書六七〇頁　定價二元

讀了「娜娜」以後

錢台生

一八八〇年法國自然主義的祖先左拉(Emile Zola, 1840-1902)完成了這部震驚法國文壇的娜娜(Nana)。娜娜本來是左拉文學巨著「羅恭瑪嘉爾家史」(Les Rougon Macquart)二十卷中最著名的一卷。這部小說的內容寫一個淫佚女伶的私生活，和法國十九世紀上層階級糜爛的情形。

這裏面被描寫的人物，有摩法伯爵的矜持和醜劇，銀行家史丹奈的投機與失敗，劇院主任鮑特那富的得意和沒落，王德弗爾的欺詐和自殺，少年喬治的瘋狂與熱情，以及狂蕩放浪的女主人公娜娜；左拉以他那種科學的真實的筆觸，揭發了法國十九世紀上層階級生活內容的姿態面。

左拉

娜娜的作者

左拉以他那種冷靜寫實的筆調，用各種顏色勾畫出各種人物的輪廓；這裏面，沒有烏托邦的幻想，也沒有空中的樓閣，書中出現的人物完全都是再真實沒有的現出社會中各種各類人類靈魂的活躍。

當我看完這書以後，使我不得不感佩這位十九世紀法國自然主義文豪左拉寫作的魄力，書中每一個人物，每一場景緻，都是被寫得那麼美麗，那麼活躍的，尤其對於娜娜個性的素描，我敢用最高級的讚詞，向讀者們推薦這部世界文學巨著。

當他寫到本書女主人公娜娜扮演「黃髮的梵奴」，娜娜裸體出場的時候，他是那麼寫着：

「……轉瞬間梵奴就到了。全場起了一陣寒戰，原來娜娜是裸體的。她安然地大着膽裸體，自信她的肉體有無上的權威。她的身上只披着一幅透明的輕紗；她的肩膊是渾圓的，她的雙乳聳着玫瑰色的乳尖，乳尖給實似兩枝槍頭。她的屁股很寬，擺動時引起人們的肉感；她的大腿顯得是肥胖的金髮女子的大腿。在白霧般的輕紗之下，她的整個的身體都給人們看出來了。這所謂出水的梵奴，只有頭髮遮蓋着。當娜娜舉起雙臂的時候，由臺前的列燈照着臺下的人們隱隱地看見她的腋下的金色的毫毛。此時沒有喝采的聲音了，再也沒有一個笑了。男子們嚴肅地伸長了臉孔，鼻子變瘦小了，口裏乾燥得沒有一滴津液。場中如有一陣薰風掠過，帶着無言的威嚇……」

這裏寫娜娜裸體出場時，劇場中的空氣，

以一個女性的肉體怎樣威脅了這些體面的紳士。

寫摩法伯爵到後臺訪問娜娜的時候，作者用了肉慾的調子，寫摩法伯爵眼中的娜娜：

『……她把毛筆浸在黑脂盂裏，然後把鼻子靠着鏡，閉了左眼小心地畫她的雙眉。摩法伯爵在她的身後怔怔地望她。他在鏡子裏望見她的渾圓的雙肩與玫瑰色的陰翳中的雙乳。……

『現在她的臂與臉部打扮好了。她用手指把紅胭脂在雙唇上畫了兩道闊痕。摩法伯爵的心魂更動搖了。這些淫邪的脂粉誘惑了他，這畫成的少婦更能令他起意。太紅的唇襯着太白的臉，兩眼因有了兩道黑眉而更大了，眼裏發燒，似乎動了愛情之火。這時娜娜走到錦屏後脫去了褲子，穿上了梵奴的緊身短褲；一會兒就出來了。她毫不害羞地解開了她的抹胸，……』

寫少年喬治與娜娜在美若德村幽會的情緻，寫出那瘋狂熱烈的少年怎樣顛倒在這少婦的肉體之下：

『喬治來了；好像是他覺得欄杆太矮，竟攬住了娜娜的腰，把頭偎倚在她的肩上。……喬治在她的頸上印了些溫存的小吻，更增加了她的心靈的震撼。……於是他摟緊了娜娜。……』

餘如寫娜娜倒霉的時候，因爲愛上了一個兇暴的丑角，竟把她那個美若德村莊賣掉了，而且欠了一身的債，終於使娜娜又重新回到舊時的生活，在那些路燈黯淡的街角上，強暴的去拉着那些行人；爲的是她可以以她的肉體換幾個錢。

作者在這裏寫下了，所謂巴黎陰黯街道上，這些沒有靈魂的女人：

『……娜娜與薩丹沿着聖母院走，……她們本來小心地把手撩起了衣服的，此刻到了做生意的地方，便把裙脚放了下來。……走到一間大咖啡的明亮的燈光之下便故意滯留。……直到了十一點鐘，在行人擠碰的當兒，她們仍舊很風流；……但是，夜越深，她們的心越急；假使她們不曾回薩丹的屋子裏一兩次，她們越發用下流的手段拉人更兇了。沿着這漸少行人的大馬路的樹子下，她們起初是激烈地講價，後來竟打罵起來。……洛烈德聖母院路黑暗了，行人很少了，只剩有幾個女人走來走去。這是些可憐的野女子，她們一夜沒有生意，便生氣起來，死守着不肯歸家，還在伯列達路角芳泉路角，拉住了一兩個醉漢子，嗄聲地同他們講價。……』

左拉在這裏不單寫出了貴族階級糜爛淫佚的生活，更其是寫下了法國繁華之都巴黎陰黯的街頭，和地層下流人物的生活姿態。

如書中寫娜娜重新出山與馬比爾賽馬會中的盛況，娜娜坐了最寶貴的寶幢，燒紅了巴黎女人的眼睛；寫沙嶺夫人與摩法伯爵家中的盛會，他那種繁麗絢爛的素描，眞實地展開了一幅貴族之家的素描畫，它是那樣寫着：

『軍樂響了，原來是一場八人合舞。賓客們閃在廳的兩旁，讓出跳舞的地位。黑色的男服當中夾雜鮮豔的女袍；大光燈高高在上，照

服當中夾雜鮮豔的女袍；大光燈高高在上，照着首飾與帽纓，宛如萬花齊放。天氣已經熱了，輕紗與綢衣裏沖出撲鼻的濃香，赤裸的臂膊，襯着熱狂的音樂，越發顯得白了，從開着的門戶直望到各房的盡頭，則見許多婦人排列坐着，嫣然淺笑，兩眼生光，手裏搖着扇子……」

其餘如寫摩法伯爵的醜劇，娜娜淫佚的放浪的生活，以及王德佛爾用火燒死在馬廐裏，以及最後娜娜之死，與戰爭爆發，這位自然主義的大師，用了他最精緻的筆調，寫出了這樣一部震驚世界文壇的巨著。

有人批評左拉的作品，過於淫邪，過於醜惡了，但左拉的同志黑斯曼曾經說過這樣幾句話，我們以為這很可以為左拉的自然主義作一有力的辯解。

「人家雖然說我們專愛描寫醜惡，其實我**們並非只喜歡淫邪而不喜歡**貞操，只喜歡放**浪而不喜歡廉恥；**我們一樣地讚賞酸辣的小**說，與甜脆的小說，只要著者以觀察所得，把實地的生活描寫下來，就是好書了。」**

本書譯者王了一先生的譯筆，是非常忠實流利的。我敢把這部世界文學的巨著推薦給愛好文學的讀者。

二十三，六，一二。

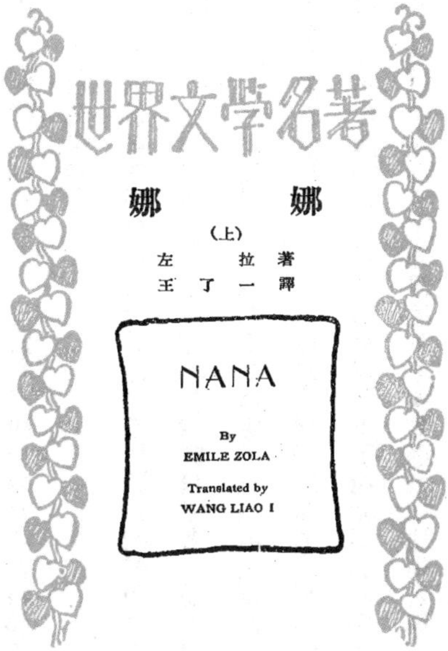

「娜娜」

馬宗融

原作者法國 Emile Zola　翻譯者王了一
出版者商務印書館　定價二元（二册）

我們的文壇上曾高唱一時什麼寫實主義啦什麼自然主義啦，什麼以大衆爲描寫對象或題材的小說啦，可是這都是我們自己園地裏向不出產的，所以不得不盡力去輸入外國種籽，但是從外國介紹來的文藝作品僅就法國來說只有一點點，還不能十分使人愜意的福羅貝爾小說的譯本少量的米爾博比較多一點，同時尙能得到些較好的譯本的恐怕要算莫泊桑，至於寫實的聖手，自然主義的宗師，開大衆小說先河的左拉便除了少數零散的短篇和一篇實驗小說論外，一直到最近以前就什麼也沒有譯的有，豈不是一件大大的憾事！不意近來商務印書館陸續出了幾部左拉的名著，如娜娜，屠槌，譯者爲王了一君，這是一件如何可欣幸的事，我們於是先取到一部娜娜來對照着原文讀了一過，覺得這樣重要的著作，等了許久才讀到中文譯本，遂免不了有些責備求全的心理，感着有對本書說幾句話的必要。

娜娜是左拉的大著作羅恭瑪嘉爾家史二十卷之一，寫女優娜娜的生平，和她由遺傳及她自身生活所得到的悲慘的結局。這部小說的主角雖是娜娜，可是我們讀時覺得全巴黎的社會都在左拉的筆下淩着。這部書的中譯本的出版雖是不久的事，它的內容大概及評價恐怕已不止一次經過人介紹了，所以不必贅述，「譯得如何」倒是我們當前想要討論的問題。

譯書的人——這裏只就譯文學書的人說——有幾種目的：（一）爲謀通俗把一部名著用平實的語言，經濟的手段縮寫了出來，用意只在介紹與讀者那部書的有趣的故事及這故事所包含思想的大要——這是爲多數不能讀或不易了解某種名著的人打算的。（二）專爲稿費隨手亂譯，只須文字讀得過了，故事從表面上發見不出很大的衝突就行。（三）一面爲自己學習，譯一種名著務求做到信達，把原著者的思想感情技巧一一細細地體會，儘可能地盡量用自已本國文字表達出來；這樣一面也就能供給那不能讀外國文的人也和自己一樣得着些學習的參考資料和模範，以促成本國文學的進步。

以上不過略爲區分，以便說話而已。不待說以我們現在文壇的境況看來，抱第三種目的作翻譯的是我們最需要的。這部娜娜的譯本的目的何在呢？這是我們不敢斷定的；它是逐句逐段譯成的，雖不免偶有字句增損，却沒有很多的删節，因而不能屬於第一種；第二種呢，從譯筆內容看來，當然我們也不能隨便加於譯者；但是譯者所用的方法所取的態度，又使我們猶預把他列入第三種內。

他的翻譯方法怎麽樣呢？我們約略說幾點來作個例，不必繁重地枚舉：

（一）很多地方他把對話句中夾敍的句子，以助說話姿態和神氣的，都無條件地時而抽出一概放到前面，如：「他越說越動氣，嚷道：『不行！你們看，我非賞他一個耳光不可！』」（頁一七八）這於原文所表現的神氣還沒有多大的出入，至於在第二十頁上有一段文字的位置的變換却略略有些損及原文的精神：

「樓下有兩個少年人進來了。他站着張望。其中有一個年紀大些，身體高大，嘴上有兩撇小鬍子的向另一個嚷道：『愛克多，我同你說什麽話來？你看，我們來得太早了。你本該讓我從容地吸完了我的雪茄纔是。』」

旁邊加點諸句依原文都應該放在「……什麽話來？」之下。這是假設看見兩個人進來，站着張望，同時聽見一個人發了話，才去辨別說話的是兩個中的那一個，所以這幾句是應夾敍的爲妥。譯者的這種辦法至少顯得比原文鬆懈了。就是讓步說，這是在中文裏比較順眼的辦法，且又無關宏旨的，那末許多同形式的語法爲什麽又是依着原文的呢？

（二）把外國文中複雜曲折包有衆多仔句的句子簡省或割裂成數句以求通順明白者，叫「扯直」；那末把倒裝句子的位置變換，可叫「理順」了。譯者在本書中多少地方都去下「扯直」和

「理順」的工夫，但每每因而弄出不妥來，例如：

「一個男子穿着常禮服，一個頎長而彎腰的婦人正在徐徐地四面張望，又有一個女招待手裏拿些戲票子，忙得不開交，不時把她面前坐着的那一雙男女擁擠着」（頁二〇）。原文：「Par moments, une ouvreuse se montrait, affairée, des coupons a la main, poussant devaut elle un monsieur et une dame qui s' assyaient, l'homme en habit, la femme mince et cambree, premenant un lent regard.」若照直譯法；「有時，一個女招待出現，很忙，手裏拿着戲票，推送着一位先生和一位太太坐下，男的盛服，女的瘦長而身體彎曲，正慢慢地四面張望。」

我改譯的雖拙劣，想來還不至使人看不懂。不知譯者何故定要把句法的次序變換，以致弄得多出「一雙男女」來了，並且「擁擠着」也沒道理。

(三)翻譯並不是一件容易而隨便可做的事，必定要拿着每句原文細細玩索，每句間的關連，全文的精神都要潛心去涵味，務求得其貫通。於原作者文中給與的印像，也要好好想像一番，必如實見那種情景，然後才能把原作者所已表現的東西再顯現到你的筆底來。本書譯者是否下過這番工夫，我們無從證明，但是覺得凡人執筆開始翻譯時，比較譯到後來膩煩了，總要更能貫注他的精神些，那怕就是一個極愛偷懶的人。本書譯者在一開筆時便來了個非常嚴重的錯誤，這是我們對他很難原諒的。第一章，開始第三句：「戲幕上一大塊的紅色的汚點給一團黑雲掩蓋住了，………」原文：「Une ombre noyait la grande tache ronge du rideau」應該譯爲：「一片陰影籠住一塊紅色漬印似的戲幕，……」這是說那塊紅色的戲幕框在舞台的寬廣的簷柱之中，從濃陰裏看去，好像一塊紅色的漬印，並非說戲園子在這樣一個盛大的開幕戲時還掛着有汚點的舊戲幕。這層在後文有個鐵證。譯文第三三頁：「……台上的列燈突然一亮，像要把戲幕燒了。」原文：「Haussée, la rampe, dans une nape brusque de lumiere, incendiait le rideau, dont la lourde draperie de pourpre avait une richesse de palais fabuleux, jurant avec la pauvreté du cadre, où des lézardes montraient la plâtre sous la dorure.」譯者把這句原文割棄了三分之二，若全譯應是：「台上脚燈燃起來了，突然一片光輝燒着了戲幕，這大紅的垂幕，與脫金露灰的可憐的舞台簷柱相形之下，眞有仙宮裏般的富麗。」我這句譯得也不好，只是還沒有歪曲原意——所以要聲明這句話者，因爲譯文很足證明在上文曾見過一次面的同一戲幕從沒有「一大塊的紅色的汚點……」

此外頁一四三第二行：「於是她恨恨地賭咒，」連着下句「說她專遇着這種事情」看去，一定有點礙眼，若改爲：「於是她抱怨，惡狠狠的，說她專遇着這種事情」就醒豁多了。jurer 這個字很粗淺，况在一個情景顯然的句中，何至也錯呢！

還有形容詞任意增減之處，譯者怕也是欠了點斟酌。

此外又想起一個字的錯誤，因不願多占篇幅，本可不說了，但聯想到一個暫時還不應當欄入本文的錯誤，却很關緊要，並又在本書開篇處提到過，就不能不連帶說說了。頁二二，倒數第三行：「今天一天到晚你們專把娜娜來挖苦我！……」此處的挖若原文爲 Assomme，本應譯爲「煩擾」或「麻煩」都不會錯，不知從何會想到「挖苦」二字去？因爲這個字使我想到左拉另一名著與此字語根相同的 Assommoir，也被譯者把全書譯了出來，只不知如何會把書名譯作屠槌，筆者雖亦略知該書的內容，但也不敢輕易懷疑一個把這書譯完的人；不幸偶然記起 P. Martino 的 Le Naturalisme français，裏有這樣一句話：「… il recueillit de valables observations sur les symptômes et les progrès de l'intonication alcoolique; il visita la véritable "Assommoir".「……他（左拉）採集關於酒精中毒的徵候及進步的有價值的觀察；他視察過眞正的「下等小酒店」我眞有點莫明其妙了！」

就據這位 P. Martino 說，左拉每天能寫印成了書的面數三面。當然搜集材料及觀察時間應在計開以外。但是我們的娜娜的譯者呢？據他在本書頁末所記「十九年十二月十三日起譯，二十年三月四日譯完」一行文字看來，六七〇面的文字相當不大好譯的巨著，他僅用了六十三天的短時間就譯完了，眞是可驚！就是平均每日應該作十面以上，而每面僅該價以四百字計算也在四千字左右，像我這樣愚鈍的人，你叫我抄，我也非化上七八個鐘頭不可；朋友中有寫字很快的，據說他抄四千字也要費五個鐘頭。在這一點上，我對於譯者的態度實在不敢表示同情。

「英雄與英雄崇拜」

張戴人

這是一個空虛的時代，「方式」與「虛妄」把眞實的都蛀蝕盡了，再沒有一只巨大堅強的手，譬如像摩罕謨德的，來推開這種，不虔敬的現象之誘惑，示我們以「永生，」看，可憐的人羣啊！看，他們飄流在事物底表面的連繫之上，什麽都不信仰了；沒有信仰，因而也沒有眞理，他們底眼開着，心却閉着，「自然」赤裸裸地向我們宣示的一切，像烟霧般消散在空中，我們看不到有一個非常超越的靈魂，會把牠凝集起來，變成光明，或是變成一只歌，驚醒痲痺的大羣，我們沒有虔誠地去冀望「自然」給我們喚來這樣一個靈魂，就是喚來了，在我們眼中也只是一件像我們一般會嘻笑會流淚的東西而已，我們底心不能引了我們底脚向前走去，伸手于「生存」底核心。我們只戰兢兢地守着脚下那方泥土，以爲我們是寄託在牠上面。「生存」底宮殿難道眞是建築在人類底口上嗎、抑或是在人類底心裏呢？

我們實不能給這個問題一種印證，讓我們介紹一本怒吼的書吧。那裏面宣示種種我們欲吐不能的意義，像谷中一幹老松，在牠洪亮單純的呼叫裏面，有各種情緒底最後的依歸。

這本書，英雄與英雄崇拜(Hero and Hero-worship)就書名見，即可使我門得到一種啓悟，英雄到底能否影響我們去抓住向上的意義？當我們對那些超越的人感到一種神聖的脅迫因而發出驚異的讚嘆時，我們底靈魂是否給我們一種新的鼓舞？其實，這是不成問題的，凡超越我們的都能影響我們底生活意義底充實，大偉人決不是一個無謂的產生，他底產生該含有極重大的意義，他們一來時代就有了新的動向。他們無畏地把時代裝置在自己對「實在」的關係底虔誠的表示中，人類底歷史其實就是這些「表示」的連綴。

英雄與英雄崇拜開首就指示人類底成就其實就是大偉人底成就，大偉人從「眞實」那裏向我們呼喊，我們在外面應和他，這是人類歷史底眞髓。「他們是打型者」作者卡萊爾（Carlyle)十分肯定地說：「他們簡直就是創造者。」

但是大偉人如何能從「自然」那裏獲他的啓悟和權力呢？作者在全書中每一處都回答着：眞誠，眞誠是一切偉大的活動底基礎，「自然」自己是在牠裏面呼吸着的。所謂內在的則律，不外乎「自然」底一種信用。「自然」決不欺騙你，只要你誠摯把手伸給牠。

我們現在所缺的就是這個「誠」)。這時代是軟攤在「

虛妄」裏，幾乎蹇然無生氣了。眞的，虛妄給不了生命，所給的只有死亡。大偉人正像春天底一陣軟軟的風，他之來正爲着踢開那些吃人的「方式」，燃着「眞實」放在我們心中的「永生」底燃料，重新溫暖我們底四肢。大偉人對我們的關係，最重要的一點也在這上面，他叫我們活動，他鼓舞我們向前。他生成是虛誑底仇敵，他在我們面前，向世界赤裸裸站着，做我們底嚮導，他超越我們最顯著的一點就是誠摯。生活是件誠摯的事，卡萊爾重複着喊。

英雄與英雄崇拜從各方面徵實「誠摯」是一切「力量」底基礎，從奧定 (Odin) 以至拿破崙(Napoleon) 這其間「時代」儘在做着各種鬼臉給他們看，或者諂媚他們；但他們都一樣地不理睬，十分忠實懇摯地把臉向着「永久」，現在我們照着這本的六個章節，把他們拉開來看他們中間對于「實在」的責任表示和他們底活動有怎樣一點的差異，我們可以從這些不同的表示中得到「誠」底最生動的意義。

我們先看這個被當作神的奧定，可憐的，他是怎樣掙扎着要在「現實」底混亂的感覺中去尋求內在的清明的意義，他要從迷夢中逃出來。「眞實」底眼睛遠遠地向他們閃耀，他感到無限的驚異，無限的歡樂。他終於掙扎着把我們嚅嚅、能出口的都說出來了，他幫助我們把夢酣时本能化成思想，他在我們中間是一個偉大的揭示者，他是一個原始的思想。

摩罕謨德 (Mahomet) 在第二章中顯現出來實際上也是一個揭示者；但中間似乎有些不同，這時代有些怯弱可憐的思想已僵化爲方式了，「時間」底泡沫堆積起來成了一種人類底不自覺的自蔽，摩罕謨德不能說些什麼，却伸手到這些不虔敬的信仰之中，把眞實的抓出來。

第三章卡萊爾以一貫的精神指示我們，詩人怎麼也是一個英雄呢？英雄底形式實際上只是相應于時代的記號，透入事物底內面，從「永生」那裏向我們活動，却是同一態度，但丁這個淵深偉大靈魂把內在的和諧在自己底心與「世界」底心激蕩之間很奇妙地化成了音樂。把自然的靈魂化成了歌，本來只要鑽得深，何處沒有音樂。換一個方向，路德來了，他也是個揭示者，他要把「是」揭示於「不是」之前，他叫我們認識人生中「神」的意義，他攔住那些不虔敬的自欺者，叫他們轉到「心」裏，他覺得這就是一個教士從重要的責任，把一切引到「心」裏，引到「神」的意義中。

英雄與英雄崇拜底第五章黯然地轉到成文學家的英雄了。這種英雄底最可憐的形式後面却也潛藏着英雄性底眞實，那就一種刺激，給麻痺的時代一種刺激，給懷疑的大羣一種震驚。偉大的靈魂把他在「眞實」中撈摸過的手按在「時代」底創處，時代就受了震動。

最後是成王的英雄了，這是以權力來表示「權力」的一種英雄底最相稱的形式。所謂王，這中間偉大的靈魂啓示我們的不外虔誠向着「永恆」，從那裏取得武器，掃除一切「虔妄」，給眞實的都有一種自信，能與他底命令和諧。他知道怎樣運用武器，這就是說他知道很樣運用權力。權力，權力，到處都是權力。神，先知，詩人教士，都是實徵「自然」底權力的相當型模。自然底權力表現得最微妙的時候便化成了宗教，藝術種種人間最美麗的產物。

現在我們該歸結起來，確定英雄與英雄崇拜底價值底重要所在，乃牠肯定地熱烈地從一切瑣碎的枝節的觀點上跳出來，給我們一個重要的啓示：我們當在一切之先，承認生命實在的恩惠，這就是我們所謂的誠摯，缺了這一點，我們如何能跟隨着那些人羣中的星——英雄——與世界底規律去合作呢！所以人類奮鬥的意義就是人類證明自己是實在的意義，人類生存是一個非常虔敬的事實，一個從不眞實趨向眞實的努力，英雄是富于這種奮鬥性的人，換句話說，是絕對的肯定的人，所以他是我們底領導。

我們現在已遺失我們眞正的秩序了。爲什麼不渴望一個大靈魂的照耀呢？「英雄崇拜」是永不會遺失的，聽卡萊爾怎樣引證了人羣間偉大的事件來安慰我們喲！起來！在這「方式」要吞吃「眞實」的危殆的一刹那，等候一個英雄的引了宇宙中不可磨滅滅元素來解決一切吧。

（編者按英雄與英雄崇一書已經曾盧白君譯爲中文商務書館出版）

關於「娜娜」與「屠槌」的譯文

王了一
馬宗融

編者先生：

文學八月號與九月號馬宗融先生批評我所譯的「娜娜」與「屠槌」，我都看見了。

關於「屠槌」的譯名，我的確躊躇了許久。Assommoir 一字是從 Assommer 一個動詞變來的，Assommer 有「打殺」或「槌殺」的意思，工人們喝了燒酒醉起來昏昏亂亂的恰像頭上被打了一槌，所以下流人的酒店叫做 Assommoir。Assommoir 不僅僅有「下等小酒店」的意思，馬先生自己就替我找了一個證據。P. Martino 在 Le Naturalime francaise 裏說「…il recueillit de valables observations sur les symptomes et les progres de l'intoxication alcoolique; il visita la veritaole "Assommair"」我們該特別注意 veritable 一字；假使 Assommoir 僅僅有下等小酒店的意義，上面就不必說 veritable 了。我所以不把 Assommoir 譯爲「酒店」者，因爲皇后酒店也是酒店，南唐酒家也是酒店，賣香檳酒的 Taverne 也是酒店，仍不能表示是下流人喝燒酒的地方，倒不如乾脆就譯那字的本義。中國既沒有相當的雙關意義的字，這就算是沒辦法中的辦法。我又在「譯後贅語」裏加以說明，自謂可告無愧了。（商務印書館出版唐敬杲所編的新文化辭書已經用了屠槌的譯名，見民國十三年再版的新文化辭書第一一〇五頁。我對於這譯名，只是一個採用者。）

關於譯書的快慢，這是各人的習慣。我平常每小時譯五百字，每天譯二千至三千餘字，若以每日工作八小時計算，我還有二小時至四小時的審查修改時間，何況有時候我每日工作至十小時？我的翻譯技巧是不夠的，但我並不反對中國有幾個每天能譯二千至三千餘字的翻譯家。

關於馬先生批評的態度，讀者自有公論。身邊沒有娜娜與屠槌的原本，不久當借兩部來，依馬先生所指出的錯誤去校對，如果是我錯了的，當於再版時更正，決不護短。馬先生還打算把我所譯的書都校對一遍，我非常地歡迎；將來我的譯品減少了許多錯誤，就是馬先生的功勞了。

王了一　廿三年九月十四日

編者先生：

王了一先生的來函讀過了。王先生說不久當借兩部娜娜與屠槌的原本來，依我所指出的錯誤去校對，如果是他錯了的，當於再版時更正（其實我大多數句子都引的有原文）決不護短。這我希望是句由衷的可以實行的話，不過我更希望王先生注意我所指出的錯誤只是一種示例，說王先生有這樣這樣的錯誤，並不是說王先生的錯誤只有這些，尚請王先生在再版時全部仔細校閱修改一下，以惠讀者。

王先生又說「馬先生還打算把我所譯的都校過一遍，我非常歡迎；將來我的譯品減少了許多錯誤，就是馬先生的功勞了。」對於這，我有點小小的聲明：任何工作都是社會的，文藝工作也難例外，各自「閉門造車」，終不如公開地大家切磋討論的容易促其進步，說得好聽點，批評翻譯是爲促起翻譯的進步，減少點社會的無謂的耗損，說得老實點，就不過是爲我自己學習，學習從他的錯裏學些不錯，從他的好處求些進步，並不是要貪取什麼功勞，這功勞終歸是譯者的，他的勇邁的，有恆的，大膽的努力，是極值得佩服的！

但是說到屠槌來，我對王先生就有點失望，他似乎在「護短」。這「護短」二字實有塞聰蔽明的魔力，只請把八、九兩月份文學中我關於屠槌的說話與王先生這通來信對照一看，大家就會「首肯」的。

王先生滔滔汩汩地說了一大篇已經說過或無甚新意的話，想使我明白他譯屠槌是沒有錯，不過愚不可及的我，終是迷信 Larrousse du XXe Siecle 字典和 P. Martino 斷言用「屠槌」兩個字譯佐拉的小說 Assomoir 是絕對的錯了！王先生想找 veritable（真正的）一字去替他支撐「屠槌」那知與他的希望恰恰相反，veritable 更加強了 Assomoir 譯不得「屠槌」的意味，假使我們把 Martino 的話的末句譯成「他去考察過真正的屠槌」豈不笑話。況且王先生在所譯書中應作「屠槌」處仍作「屠槌」，應作「酒店」處仍作「酒店」，自然也因爲它們是不可移易的原故。否則我們若說「不良的社會好像是一個酒店」（原譯「一柄屠槌」）會打破我們的頭……」有一隊人直擁到了「屠槌」（應譯「酒店」見屠槌頁五四）的門前……」「屠槌」（「酒店」頁五八）裏充滿了人……」「只讓他的酒精流下來，像一道緩緩的流泉，漸漸溢出了一「屠槌」（「酒店」頁六一）……」兩字的地位一換又是多麼可笑呢？

王先生很得意地說他所以不把 Assomoir 譯成「酒店」者因爲皇后酒店和滿堂酒家都是酒店，Taverne 也是酒店，仍不能表示是下流人喝燒酒的地方。這一來恰又是王先生自己打了自己的嘴巴，原來王先生還是贊成要能表示是下流人喝酒的地方才對啊，那末「屠槌」兩字怎麼能表示得出是下流人喝酒的地方呢？

在一本 Flammarion 出版的 Argot 的小字典裏以 Assomoir 與 Abreuvoir 並列，解釋爲 Debit de Liqueurs（小酒店）倫敦出版的 Bellows' Dictionary, French-English 裏譯作 low drink shop（下等酒店）英文譯本的 Zola 的 Assomoir 也作 Dram-s op（小酒店 ed. by Ern st A. Vizetelly）。應該譯爲「小酒店」或「下等小酒店」，而不該「乾脆就譯那字本義」，既這樣多方面地證明了，想來總可以使王先生點頭了罷。況且就是王先生丟不下他那毫無根據的 Assommo'r 有雙關意思的高見，也只消把「屠槌」代以「下等小酒店」或「小酒店」再另加同樣的「譯後贅語」就不錯了。

至於唐敬杲所編的新文化辭書雖已早在民國十三年就用了屠槌的譯名，我們也不能就說他不錯，他錯了，不可原諒的是他編的是辭書，可原諒的卻因爲他沒有讀過原書。王先生譯完了原書還沒有懂得書名，要浪費這樣多的筆墨，占這樣多的寶貴篇幅來強詞奪理地爭論，並又企圖把責任推與他人，殊不可原諒。——王先生把 Germinal（萌芽）譯作「共和曆七月」La Curee 譯爲「餘燼」都是錯了，我不提及，就因爲是可原諒的。

我也和王先生完全一樣並不反對中國有幾個每天能譯二千至三千餘字的敏速的「翻譯家」，但希望能細心能不錯，或大致不錯，或少錯。

馬宗融　二三，十，三。

淑女　杜思妥亦夫思基著　何道生譯　商務版

是眞的藝術結晶，就是一塊血和肉，換句話說就是一個生命，這生命應如何的生長，應如何的生殖，不是像一棵植物任着自然的長去，固然有許多植物當中是不見日光的，藝術的生長也是一部分由自然而起，但除此以外，便是許多重要靈性所結合，這靈性亦可謂爲共感，亦卽人類共感的源泉，人類一切的活動，有許多意識隨時來去，在某一段的「意識流城」有着特別的强弱之時，這時藝術便是需要存在的時候了。這似乎在苦悶的象徵也有着同樣的結論，由心理上說，一個行爲的反應，在瓦遜說是肉體受外界受刺激的結果，但在完形派便是說，某一形體，是有着多方面的反應的結果，我們在某種意識內，只能喚起某一形體之一面，上圖，有時可以喚起的們感到牠是一個瓶子，一方面又可以感到是兩個人面。

我以爲一件藝術是可以同時喚起別人多方面的情緒，這情緒有時是兩面不相同的東西。

歷史是留給我們固定有限的「自然界所存在的形象」以及因表現與技巧的限定，然而現實的霎那只給我們的創作的動機，可是藝術的創作的行爲，有時是離去了外界的刺激，換言之，這便是自我的擴大。

人類有着共感，這便是藝術效果的基礎。所謂共感的發生，卽是人類一切生活的現象——這裏我便要開始論到本題了。

藝術是生活，藝術卽是人類生命的活動，而非爲享樂，所謂享樂，乃是改變激刺的方面，使其應出來的正相反，這明明的已經違反生活的自然律。人類不能用何種方法去改變苦痛，在喜樂的時候，照例也不能同時發生痛哭，這樣的人，我們都名爲瘋狂，因此以藝術爲享樂的人，便是瘋狂者。

人類，既存着各種不同的情緒，而其最顯着的，乃是苦痛，卽生存所遺留惟一的特徵。

古今有許多的大藝術家都是，痛苦的發生了他的藝術作品，郤伊可甫斯基，悲多汶，歌德，屠格涅夫：以至於杜思妥亦夫斯基。

談起杜思妥亦夫斯基，他的生涯是極端悲慘的，他有軍事與機械的教育，而結果，他的悲慘勝過他生活其他的部分。甚至他的苦痛幾乎使他疑慮到他自由生存的本身。這在杜氏的作品中都留下了這特質，痛苦，深沉，感動，抓着了每一個讀者的深心。

他的憂鬱與孤僻與心理病態長生了因終生不幸而產生的悲苦作品，在「窮人」「兩人」「白癡」「罪與罰」以及我這裏所說的這部「淑女」，都深深地刻着，這世界與他絕緣似的，他的幸福，是被社會奪去淨盡。在每一部他的作品，都藝術地寫了出來，差不多都懷疑與他的幸福的消滅，而懷疑了而肯定了已不能再挽回的任何部分的希望，在下面便是「淑女」中的引句，在這句字中，便可看出杜氏自己的反映。

「……白誠佐夫的談話，但這干我甚事……本來我還可以召來詢問一番，但我因爲當時氣憤極了，所以立刻提出辭職書，這便是事實的全部，我很狂傲的脫離了軍隊，但從此卻受阻折了。我的意志與理智都喪失了。不久在莫司科我的姊夫又把我家前後的一份財產都敗去了。所以竟變成了沿途乞食的乞丐了。……於是恥辱流露窮困便成了我的命運。……你們知道我已娶妻了，這倒底是偶然的事情與否，我不知道，總之，我的意思在引一個朋友到家裏來就是了。諸君要知道，我要這樣一個朋友的心理實在急迫到忍無可忍了。但這個朋友，我明白知道是須予以相當的預備時期，將她訓育起來的，試思一個十六歲的成見甚深的女子，豈能立時與之說明一切？實在除了這次手槍的可怕嘗試之外，還有什甚可使她相信我不是個懦夫？」

「總之我的怪僻的行徑完全由於我的不苟且的性格……」

在這幾句中，杜氏的人格可以藉着表現於我們眼前。

「淑女」本書大意是主人翁曾由乞丐得到一部分遺產，而開了一個典押店，他不是如一般開典押店的人一樣下流，他曾經還是軍官，受過教育。現在一個十六歲的天眞失怙的淑女。爲了貧窮，受姑母的壓迫，來每日至押店。起初只是同情於她，以後發現了她的毅力，貞潔，便與這四十多的店主結了婚，但是這店主是孤僻的，因向來的窮苦的刺激，便成極冷靜的性格的人。同時這少女又因爲知道這位丈夫過去的事跡，同時有當地流氓伊非麻維支，有了來往，但她是眞潔的，得勝了對方，然而又不滿於自己丈夫是個懦夫，於誤會，與冷靜，造成了不可挽救的地步，雖他的丈夫想表明自己不是懦夫，而是向來的苦痛所致，爲了這緣故，他開典押是爲幫助一切不幸的人，而他的辭職不滿於軍隊中一切同僚，適比取決鬥方法，還要勇敢，然而命運不幸，終久不能使他抬頭。可是這少女，是始終意見根深，同時因她丈夫向來冷靜的性格。雖然彼此始終還相愛着，而不得不取自殺完成此不可收拾的結果。

「她見我妻將神像從佛龕裏取了出來，放在桌上，似乎對牠祈禱的樣子。

「主母你在那裏做甚麼？」羅克麗說。

「不做甚麼，羅克麗；你去吧。」我妻回答

「你快樂嗎？」羅克麗問道。

「快樂的，羅克麗」。

「你的丈夫早應求你的恕赦了」，羅克麗繼續說，「謝上帝，你們究竟從新和好了。」

「是呀，這是一件好事。」我妻回答，「你去吧。」十分鐘後，羅克麗又去看她。

「她正在窗傍低頭面壁立着。」

這隨後她卽祇緊抱了小神像，向空中踏了一脚，跌在窗外。

「我今生以後，從沒有這樣淸醒過，但想到這屋裏又將留着我一人，又將單剩兩間空房，又將孤獨的留在店堂中，我的思想是何等的昏亂而悲苦呀？」

「你們的法律呀，於我有什麼關係？你們的習慣與道德，你們的生活與你們的國家，你們的宗敎，究與我有什麼關係？任你們的法官來裁判我罷！帶我到你們的法堂上去吧，去面見你們超乎法律之外的法官罷。法官或者要厲聲命令我「靜着莫多言」！我却要高聲責問他：

「你憑甚麼權力可叫我服從你！什麼要將我所最寶貴的摧殘淨盡？我爲什麼要顧着你們的法律？我與你們斷絕了吧！」我已不希罕你們了。

「啊偉大的空間與偉大自然！人類祇緊衔在這個地球上而——禍患却不離這個地球。一個俄國的老英雄贼道：「全世界有人活着嗎？」現在我也贼着這問題，但無一人答應。人類纔在這裏，人類之外都是死的沈靜。那便算世界。……」

在這裏，讀者，卽可見杜思妥亦夫思基，如何的苦贼人類，藉着這押店的主人說明了自己，這篇淑女，就是說社會已經拋棄了「他」甚至於奪去他所有，以至於連生命的意義，愛與愛的對方，結果形成了不可挽救的地步，因他的病的心理竟使一個高潔神聖，情愛與眞摯光明的愛而不可互得，以至一個淑女被現社會造成犧牲。

總之，我以爲一個偉大的人格，變成了藝術時，直接注入於每一個讀者，他對於人的，乞丐，小偷，等等人的愛，或由人性的某種力量而發現那些最低的沉淪之生物時，他的那種力量，尤其更大。他煽動了愛，以及人類的典型的解剖，這在近代俄羅斯作家之中，多少是一個特出的地位。

他對於那些我們的城市文明的結果之下的被蹂躪者與詛喪者的同情，是那麼地深刻，致使一個極其冷漠的讀者也可以深深地感動，而且在靑年的讀者方面也發生出了一個極有力量的正當方法的印象。

總之他的作品中是寫實主義之中，又有着不羈的浪漫主義的最幻想的異事。

子雨在漢口一九三四，九月。

周作人氏所譯的「黃薔薇」

（書報介紹）

何植三

周作人先生的文言譯品，据我所知道的共有五種一紅星佚史二匈奴奇士錄三域外小說集四炭畫五黃薔薇。在這五部譯品中，除域外小說集爲短篇外，其餘均爲長篇，若以描寫與結構來立論，要數炭畫爲最好；（關於這部小說的優點，作者曾於北新書局的青年界上簡單的介紹過）除炭畫外，我以爲要數黃薔薇了。

這部書是商務印書館出版的，原著者爲匈加利人育珂摩耳（Jókai Mór 1825—1905）据譯者序文中說：『育珂生涯雖多涉政治，而甚嗜藝文，著作至二百數十卷，大抵爲歷史小說，屬傳奇派，人皆稱之曰匈加利之司各得（Scott）而作者自言則志在法之嚣俄（Hugo）也。……是書一八九三年作，育珂年已六十九矣；文學史家貝諦（Beothy Zsolt）評騭素嚴，乃極稱許之，謂足以永作國民文學之華飾云。』又說：『育珂生傳奇之世，多思鄉懷古之情，故推演史事者既多，復寫此以爲故鄉紀念；源雖出於牧歌，而描畫自然，用理想亦不離現實，則較古人爲勝，實近世鄉土文學之傑作也。』我們讀了這兩節，就可知道這部書的價值是如何的了。

我記得不知在什麼文學雜誌上曾看到過一句話，說是匈加利人的作品總是寫些三角戀愛的；倘若這句話是真實的，那麼這部小說也不能例外，其內容不過記一個圉人（牧馬人）與一個牧者（牧牛人）共爭一個酒家女郎的一點小事情而已；然我今天寫這篇文章，其意識並不叫讀者去看三。

角戀愛的悲劇，而是請讀者去看作者描寫的技術，與夫描寫的景物，如平原，牧場，海市等等，知道怎樣叫作「國民文學」「鄉土文學」吧了。

我讀這部譯品，只覺文字優美無比，且具有一種引人往下奔去的魔力，如寫酒家女郎：

女頰不絳赤如薔薇，乃作乳色，復非病容，蓋生意盎然，隱伏於內。每微笑，則光輝煥發、如映燭火，口角生渦，嫣然宜笑。目光深黯，莫辨青黑，以人若被睞，便失魂魄，無復識別。黑髮編爲辮，束以黃綬，鄰人以榲桲汁潤髮令縮，而女髮則天然鬈曲。女又善歌，其聲滋美，每當悲歡哀樂，無時不歌；蓋鄉曲女郎，非歌無以度日，以歌能令勞作忘倦，行道忘遠，獨居忘日永也。

至於寫園人自被女郎酖後，（並非出於惡意，乃欲挽其固有的愛情，所以用藥酒禁厭，不意藥爲劇毒，遂致園人發狂，幸遇一獸醫乃得不死。）夜臥牧場，滿腔牢愁，與他坐馬徽曇談話一節，（其間又寫平原夜景，）那種手段可說已經神化了；今不避「文抄公」之嫌，將全段文字引在這裏：

時爲春宵，物色滋美，夕陽方落，餘光猶見天際；既而夜色徐下，兩霧柔白如羊毛，籠罩四野；新月如鐮，出杉林山上，狀若窺人；其上有明星灼然，是名歎子之星，早上而復速降者也。日陀偷（園人名）就牧場之旁，擇一席地爲度夜計；乃先放馬，解其轡頭，植杖於地以懸之；……旋出食餘餅餌，持以飼馬，語之曰：「小馬徽曇，今汝可去，自啖芻草；汝未嘗終日食如他人，惟長在羈絆，迭馳驟一日，人猶欲使汝曳機汲水；第人自可欲之，彼豈謂馬與犬同耶？」隨以袖爲馬拭目曰：「今可去自擇芳草食之；惟勿遠行，月既沒，明星亦隱，便可來歸；吾不繫汝，如牧牛兒所爲，亦不傚農夫羈汝足，吾第呼曰：『徽曇來。』汝聞聲而返可耳。」徽曇聞主人言，皆解其意；既脫鞍轡，乃躍起，踶其後足，自投地上，輾臥數四，已復起立，振其鬣，舉首而嘶，遂奔向草原，噴呼有聲，揮其長尾，以驅蚊蝱；什珂（即牧馬者之意）臥草地，柔軟如錦褥，以廣野爲枕，以蒼空爲帳，繁星綴之。時夜已闌，唯大野如小兒好弄，猶未肯寐，亦或不得瞑也；原上皆滿聲音，微妙柔和，不可辨別；市中鬧若鳴鐘，或牧犬吠聲，皆遠遠不可聞；而夜鳥作沙聲，鳴蘆荻叢中，如聞鬼嗷澤鴛巢葦間與澤中鸊鵜」鳴呼相和，雜以千百蛙聲，合爲繁響；斷續之間，訶多巴格水磨之音，亦歷歷可聞；頂上穉鵝對鵠，哀鳴飛過，列作長陣，遠映蒼穹，不甚可辨；蚊蚋飛舞空中，密如雲煙，作呻吟之聲，聞之悽苦，時或聞馬嘶焉。……什珂久觀天星，幾次呼而語之，塊磊在中，欲一傾吐，心負巨創，不得甯佚，但得有人，聽其牢愁而慰其寂寞，則疾或少已，而大野廣漠，虛無人也。

明星既沒，月亦下，馬遂去草壙，來歸其主人；徐步而前，如恐驚寐，審已入睡未；什珂曰：「否，吾未寐也，老友可來。」馬大悅而鳴，隨臥其側；什珂曲肘著地，以手承頭，馬本有知，猶可與語，乃曰：「微蟲，汝觀之，天下女郎，莫不如此，外金而內銀，方作誠言，中皆妄語，及爲妄語。牛亦誠言，人終莫能知其心曲也。……汝知吾愛女者何，昔趨酒家，欲汝急行，以韡距刺腹，至于流血，又繫汝門外，使立風雪泥潦嚴霜烈日中，其事數矣；爾時吾未嘗念汝，惟知愛女而已。」馬懷往事，默如微笑，意若曰：「主人當日固如此也。」什珂曰：「且亦知女愛我者何；女以薔薇簪汝耳後，編汝蒼鬣，束以錦綬，又親以糗粮飼汝；逮既脫鞍，猶換我與語，且抱汝頸，欲更少淹留，不使行也。」馬微鳴應之：「昔女郎固嘗爲此也。」什珂曰：「逮彼乞兒（指情敵牧牛者）潛入其地竊女郎之心，攫其牛以去；倘使得其金者亦善，可將女郎與之俱去耳；顧今乃留之於此，牛爲天賜，而牛爲鬼祟也。」馬似欲慰之，遂以首枕主人膝上。什珂大言曰：「天乎，其捨此賊手，毋使妄摘人薔薇（指女郎）者，得逃其罰。……使吾殺其人，吾固知其母嘗號耳。」馬以尾鞭地，如亦怒發者。什珂曰：「然吾爲得而殺之，彼今已踰山而去，（言牧牛者已受僱赴摩勒維亞去之遠矣；且汝微蟲復不能負我，飛而從之；不然，汝當伴我共處此牢愁之中耳。」今日之事，微蟲誠不能爲力，乃臥地，伸其頸，以示天命不可違，但能順受而已。唯什珂尚有所言，不肯即聽其寐，乃呼之曰：「汝且勿睡，吾亦未瞑也，他日時至，會當永息；今且容吾二人長得相守，汝不棄主人，吾亦不以黃金鬻身易我老伴；汝猶憶當日助醫師舉我入車中耶？（指當日被戕，途中毒發墮馬一事。）爾時吾偃臥原上，驚烏鳴呼，盤旋頭上；汝以齒齧衣，乃舉我起，……然耶？汝皆憶之耶？……毋懼爲，吾當不復過訶多巴格大橋，亦不入訶多巴格酒家，吾誓之，今懸昊天而誓，吾決不復遺女郎之騎，踐其闥；倘食吾言，星斗不復臨我。」馬聞巨誓，乃舉前足，蹲踞如犬狀。什珂曰：「第汝無慮吾儕將終老此鄉，人奚能戀此草原，死守不去；……他日時至，年少健者，躍馬往析珂蹄克人之營，汝當從我，聞角聲而行耳。

」微壘陡起立，若已聞畫角之音，以前足踏地，豎鬣昂首，大聲一嘶，如軍中前驅，原上牡馬，皆嘶以應之。什珂曰：「爾時吾儕得以了此一重公案……此後更無女耶歐酒，或其朱唇，是以喪予，惟當死於勁敵之一劍耳；吾乃偃臥戰場之上，汝當傍立守視，俟人來埋我。」言既，遂佯死，徐仆地上，張其兩膊，以試微壘；馬初凝覘之，繼見主人不動，乃起，豎其雙耳，以鼻嚙其肩，又不動，則踯躅繞之行，顧蹄聲猶不能使之醒，馬乃至其側，銜肩上表衣，將舉之起，什珂遂啓目，以兩手抱微壘頸曰：「汝蓋吾良友也。」馬亦大悅，露齒而笑，踴躍奔走，如騰駒，蓋喜主人僞死，唯以相戲耳。既而自臥草上，伸其四體，今蓋微壘欺其主人，亦佯死也；圉人更呼與語，且喚其名，微壘皆不應；什珂遂倚首於馬頸，可以當枕，未幾，馬舉其首，顧見主人已寐，因復靜臥，達旦不動。

據譯者引奧匈人賴息（Emil Reich）言介紹說：『平原之在匈加利者數凡三千，而奪勃來欽之訶多巴格最有名；……諸平原爲狀各各殊異，或皆田圃，植大麥煙草，苞粟成林，或爲平蕪下隰，間以池塘，且時或茂密，時或荒寒，時或蒼涼，時或豔美；……是中人物如繪，咸作大野景色……有羊豕牛馬之牧者，衣飾不同，人亦具諸色相；……若夫景色之勝，則爲海市，每屆長夏，亭午溽暑，空中往往見城寨樓塔，大澤山林之象，光輝朗然，行人遇之，如入仙鄉，而頃刻盡滅，不留踪影。……』故文中寫平原的景色，如日出，海市等等，以及牧牛馬者的生活，至爲清楚美妙，滿紙都是鄉土氣；然而正因含有這種氣分，所以成爲「鄉土文學之傑作」，足以永作國民文學之華飾」了；現在關于日出和海市各引一段，以見一斑；不過他所描寫係借醫師畫師等人的口吻而烘托出的：

時醫師忽起，呼曰：「客趣出，至灶前觀日出也。」畫師先奔，急展册圖之，而不得成，因絕叫呼曰：「嗟夫，此妄相也！其色若何？大地深碧，天隧籠紫霧，太空青黃，上有絳雲一抹；蔭，紫光忽作，朝日將上，炬火起於天際，若三角塔，火焰環繞之，又如赤鐵，而光益灼爍，不可正視；喚喚，日乃五角，頂漸圓如鷄卵，其下復歛，上趣扁平，今殆若地菌矣；不然，狀如羅馬水甕；此妄相也，不可以畫，今有浮雲來日已變形爲愛神，翳其目又如長髯議士；唉，使吾畫日五角而有鬚，衆必囚我狂人院中矣。」因投其筆曰：「匈加利人，百事俱異尋常，如今觀日出，實見其景而不可得象，吾意日出不當如是也。」醫師乃爲言：「此第光之幻象，與海市同，以顯氣層積，熱度不等，光受反折，故成此相。」畫師曰：「然此終不可得象，吾幾不自信所見也。」顧奇景亦不久卽滅，如蜃樓之現；逮朝日出地，金光洶湧，不復可仰觀；賴紅天宇，忽轉金色，地平一線，亦上下化合矣。

這一段寫日出初爲「絳雲一抹」，次爲三角形炬火，次爲五角形，次爲地菌，次爲羅馬水甕，次爲愛神，次爲長髯議士，而最後「金光洶湧，不復可仰視」這是何等的奇景；而畫師的一種驚異的神情，如鄉下人進城一般，亦深饒風趣；讀者至此恐也覺得瑰異絢麗，不可名狀吧？但待醫師以科學道理一解釋，其成因也就明白過來了。

未幾，海市已見，其爲物神妙，所謂人寰之夢境也；天陲見大海，巨浸相逐，自東徂西，小山點點雜其間，狀若島嶼，原上固有合歡叢木，倏成森林，野中牛羣，則化作大路，夾道皆高樓巨室；海上有小舟三數，亂流而渡，則馬遠行原上也；海市變化，以日出後爲最，有時隣村景物，悉見室中，相距至近，持鏡望之，道上行車，皆歷歷可數，寺塔人家，倒映波間；第當陰晦之日，則在地平線下，不可得見；畫師視海市，則自搯其髮呼曰：「嗟乎，吾何幸，乃令見異景而不能收之圖中歟，此其何物耶？」畜牧者（牧牛者之長）曰：「何耶？此海市耳。」畫師曰：「然海市又何也？」畜牧者曰：「海市者，訶多巴格之海市也。」顧弗爾珂（牧牛者之名）善言辭，勝于畜牧者，乃爲解之曰：「海市者，神之靈蹟，所以慰藉吾儕牧者，無使長日居平原中，而生厭倦者也。」畫師終乃詢諸獸醫，答曰：「吾所知則尤淺，昔讀弗闌美倫（法國天文學者）之書，中記蜃樓，有見于亞非利加沙漠間，列諾珂河上，或在錫該利亞者；……顧世無學者，知訶多巴格亦有海市，實則每當夏時，自朝至暮，無日不見；匈加利天然物色，空自隱沒，不爲藝林所賞，亦如此也。」

這一段寫海市，亦詭奇可喜；至牧牛者所解釋的：「海市者，神之靈蹟，所以慰藉吾儕牧者，無使長日居平原中而生厭倦者也。」則是科學的精神而演為文學的神話，更富於美趣了。

牧者圈人的生活，他是散散落落寫記的，頗無整段文字可引，大概牧牛場中有一牧舍，名叫「凱闌」為人畜藉庇之所，因為風是牧人大敵，常捲人畜滾到河中，至於霖雨寒冰，則一點不怕，只要轉裘外向，引帽覆眉，便可對付；牧人所居為一小房子，用泥塗壁，樣子像燕窠一般，但是這種房子很小，不能作假息之用，只是藏皮衣及革靶吧了；革靶叫「般克」，以小牛革做成，留足不去，藏頸著以鎖，中藏錢幣烟草；小房子壁上掛牧者的外衣，夏日外衣曰「須爾」，冬曰「蓬陀」這種也就是牧者的被子，夜間穿着，便露臥在地上了；小房子前有一地方，編葦作成籬笆，叫「跋薩羅」，即是庖廚；有木三叉，下掛一隻大鍋，為煑食牛羹之用；場中有一僮子，平日推獨輪小車，掘平原上所遺樹根，名曰「窮炭」，著作柴，所有庖廚中事，亦歸僮子負責；場中又養有牧犬，性質頗特別，不畏馬鞭，只怕獨輪小車。牧馬場中制度與牧牛場相同，亦有「凱闌」小舍，庖廚只是獨缺推小車的僮子與牧犬，牧者收取散奔的牛羣，其法十分神奇；只要長嘯一聲，即有一牧犬自「凱闌」中躍出，大吠馳入羣牛中，以爪搔奔牛的足，不消二分鐘，牛便整然成列，隨大特而行了。至於圈人取馬，則全仗絕技，先揮巨鞭，驅馬列隊而走，這時另一圈人右手執索，以繩端繞左腕，看中那一匹馬，便驟投其索，勒住馬頸，馬雖不伏，掙扎，而圈人屹立不動，徐收其索，及至身前，就耳畔作數語，馬便帖伏如羔羊了。總之，我們讀這種作品，不特可領受文學美趣，學習描寫手段，知道何者為國民文學，鄉土文學，同時還可獲得神奇新鮮的知識，似乎比讀地理更為深刻饒趣了。

屠槌（書評）

左拉著——王了一譯——商務印書館出版——定價二元

大　災

現代人看文學作品都歡喜以什麼階級意識、經濟鬭爭一類有色眼鏡準衡其價值，實在，若眞淨以這種眼光來看作品的話，那將找不到一本滿意的作品。 因爲一個作家決不能時時刻刻存了這種小心去寫他的作品；同時一本純正的文學作品也容不下這許多嚴重的問題。 不過，作者倒可以無形中流露出傾向於某方面的戀摯的情緒，但決不是故意，也不容故意的。

左拉這本屠槌可以說是類似這一方面的作品。 無論誰看了我相信一定會感嘆左拉寫作技術之嫻熟、藝術天賦的高超、與其眼光及感覺的細膩。 描寫工人生活的作品多的很，以經驗來說，能不失藝術風雅態度來寫的却不多。

這部屠槌初初在法國文壇與讀者見面的時候，很受社會的攻擊，理由是作者把一些民衆俚俗的字眼都用進去了，而且把整個的工人生活形狀毫不吝嗇的用模型印了出來，在我們現在看，這所攻擊的兩點正說到左拉的長處，無異是在恭維左拉哩；格郎(Ch. M. Des. Grange) 在法國文學史中評屠槌說：

「由這部屠槌中，我們看出左拉強勁奔放的天才，如其沒有像哈拜雷所謂『把些糞穢都撒在他作品中了』的話，我們將更容易頌讚那在作品中含有那麼多存在于勇往不撓的煒爛中的眞正傴人心脾的詩意。」

作者原序也說：

「眞的，屠槌乃是我許多小說當中最乾淨的書，我往往摸着了社會上最可怕的傷痕。」 又說：「這是一部眞實的作品：是描寫平民的第一部小說，書中沒有一句誑語，而且有平民的氣息。」又說：「人家發怒，反對我所用的字眼。 我的罪過乃在乎起了文學上的求知慾。」最後說：「我把它寫下來娛樂衆人，誰曉得這殘酷的小說家竟是個安分守己的好人，是一個研究藝術者，他的唯一志願乃在乎努力寫一部生動最廣大的作品留傳在人間。」

這是左拉對於當時攻擊屠槌的一般人的剖白。 左拉深信屠槌是他作品中之最佳者，果然，攻擊自管攻擊，該是有價值的東西還是有價值。 當日的左拉亦已想到，故他曾說：

「我的書會替我辯護的。」

讀了這部屠槌後的第一個感覺是驚異書中結構的自然， 讀時毫不費力；第二個感覺是隨時都有很合乎情理事實的趣事穿插在裏頭，一方面減少書的沉重，一方面增加書的細膩。 處處表現着作者奔放跌蕩的天才與其技術的嫻熟來。 令人幾乎疑惑全書是一氣呵成的——其成功的要點是他盡可能的避免冗長的對話，雖寫千軍萬馬，也可處置裕如， 不致紊亂無緒。 譬如他寫古波夫婦結婚後，與一班賀喜者在街上走過時的情形，多麼生動可愛！那時正下着雨：

「男人們擎着舊雨傘，女人們撩起衣裳，從此街到彼街，隊伍遠隔了。 這時有兩個無賴在罵些粗言野語，有些散步的人們在奔跑，有些商店夥計很似開心，蹬高脚在街裏觀望。在溼了的街道上紛紜的人叢裏，行人衣服的黯淡的顏色與姑爾瑰斯的藍色的袍子，福加尼耶夫人的生綢袍子，博歇的黃色褲子，襯配得很不均勻……至於羅利歐夫人美麗的裝束，洛拉夫人的袍帶，洛門舒姑娘的起皺的裙子，參差不齊，顯得是窮的奢華。 尤其是男子們帽子令人失笑，却是藏在櫃子裏許久的帽，形式太高了，不是太大就是太小。……」

這段描寫的十分逼眞，工人們做客出門確都是這種樣子。 他們都願意打扮闊相，結果愈顯其窮。 另一段寫牧師窮人證婚的忽略，也極合實際：

「牧師扳着面孔，臉孔似乎因受餓而變黃了；前面走的是白衣的徒弟。 那牧師匆匆地做彌撒，省略了許多拉丁文，時而轉身，時而灣腰，時而伸臂，却始終把眼斜望着新婚夫婦與那些證婚的人。…… 他那一雙乾癟的手在姑爾瑰斯與古波頭上匆匆幌了兩幌，好像上帝已經去了之後纔給他們結合似的。」

還有一段關於一羣窮人住在一齊所生的猜忌、好勝心理，描寫也極細緻：

「事實上，古波夫婦與博歇夫婦之間，自從兩月以來，已經不行了。 姑爾瑰斯的天性是好施予的，但她時時刻刻要送他們兩瓶酒，幾碗肉湯，幾個橘子……」

但是窮人受窮人的施惠往往不肯甘心，非但不感激而反覺得接受是一種恥辱，於是乎：

「第二天洛門舒姑娘告訴她（姑爾瑰斯）說，博歇夫人當着衆人的面把生菜倒在地上，罵說她還不會到吃人家吃剩的東西的地步……」

這類例子書裏俯拾皆是，也不必逐條來抄了，總之看過的人自會知道，決不是一篇短文所能說得清的。

現在我想順便來談一談這部屠槌的繙譯。 過去文學上對這本王譯屠槌有過一陣爭執，並舉許多對於原文與譯文表示懷疑的例證：馬宗融君啓其端，梁宗岱君殿其後，我不曾拿原文與譯文對照，但僅將這兩册王譯屠槌一氣讀完之後，味嘗到一種文字上的輕鬆流暢是普通一本譯文裏所難得遇到的。

本來一種文學書籍的翻譯，重要副作用有二：一是用來給中學生作中西對照本讀；一是純當故事看。 前者自當逐字逐句翻譯不可或懈，後者似可有斟酌語情略事調濟（自然是有限制的）。「信達雅」誰不知爲翻譯最高理想，但有幾人做到？ 在現代中國這樣貧瘠、落伍、遲緩的翻譯界，西文通的，不肯翻譯，祇會罵人——動輒就是「我才翻了五頁便發現若干若干錯誤」。 那你爲何不全翻了，或重譯一遍呢？

自從魯迅先生創立「硬譯」名詞以後，給我們一種新提示，就是，一種書籍（尤其是文學書）與其被人「硬譯」了，倒不如改譯了舒服些。 這自然是題外的話。

浮士德（新書介紹）

哥德原著——周學普譯——商務印書館出版——定價一元八角

方開

數年前，當少年維特之煩惱的譯本在我國出現的時候，這本哥德的散文小說曾震動了不少青年的心弦，立刻，哥德在我國便成爲熟悉的作家了。但是這一本散文小說是決不能代表這一位偉大的詩人的，牠雖是德國浪漫主義的先鋒，是狂飈時代小說的代表，是使哥德聞名於世界的作品；然而研究哥德的人是不能不讀他傾注畢生精力而成的悲戲浮士德的。

浮士德取的是詩劇的形式，包含了哥德一生思想的演變的痕跡。哥德從早年起便開始寫這部悲劇，直到死前幾個星期才全部脫稿，完成這一部巨作似乎就是哥德畢生的使命。

浮士德的故事是一個神祕的傳說，曾有不少其他的作家想寫這一個故事，可是得到成功的却祗有哥德一人。

全劇共分兩部，第一部寫浮士德——悲劇的主角，一個學問淵博的老學者對於畢生求來的學問感到失望，正欲仰毒自殺，忽然聽見復活節的頌歌，因而留戀人生，於是出賣靈魂，與惡魔訂約，飲了返老還童之藥，沉溺於人世之樂；但是浮士德終不能滿足。因此，在第二部中惡魔領導浮士德到古典的希臘，在那兒和永久的女性海倫結了婚，歷盡了古典的美；從希臘歸國之後，又替皇帝平定了內亂，被賜與廣大的海灘，在那兒，浮士德建築大海堤，開闢一個人民安樂國土，爲人民服務直到他死去，終於死前的刹那他從那爲大衆的努力裏面體味着了幸福，得了心的滿足。全劇到這裏也就告終。在劇前哥德又添上一段天上序曲，寫惡魔和上帝打賭，要使浮士德墮落，如能成功，上帝就該讓位；結果，浮士德雖得了滿足，但幷沒有墮落，惡魔仍是失敗。故事的概梗便是如此，和民間的傳說却不免稍有出入，本來，哥德的目的也幷不是要寫定這一個傳說，他不過借這故事來表達他的思想罷了。

在我國，浮士德已有經過郭沫若先生的翻譯，但祗譯了第一部，而且浮士德的原文是很深奧的韻文，郭譯本也是韻文，詞句和字眼都用得很古典，文體可以姑稱爲『文言的新詩』，讀起來不十分容易了解。郭沫若先生的目的也許是想要保存原作底古典的作風，但是這樣一來使得他的譯文不能普遍。因此，在我國的讀書界，一個明淺的全譯很是需要的。最近，周學普先生譯的浮士德出版了，周譯本是一個全譯，包括第一部和第二部，詞句比郭譯本淺明得多，取的是新詩的體裁，雖然是白話文却依舊有着適當的音韻，讀起來也容易些。起先周先生用白話散文譯成了第二部，後來看看不相宜終於全部改成了韻文，可是白話的體裁還是沒有動，所以周譯本確是一種可以普遍的全譯，因而特地在這裏爲也介紹。

雖然這樣說，讀完浮士德的全劇還是需要很大的忍耐性，因爲浮士德的深奧幷不專在字句上，而是在牠的意義上，有許多地方難於了解，據說，除了哥德自己之外，全世界沒有一個能全部了解浮士德的每一節每一行哩！

黑暗之勢力

——托爾斯太逝世二十五週紀念——

欽文

托爾斯太的黑暗之勢力，是以農民生活的爲題材的五幕劇本；這雖然不能像戰爭與和平同復活的並爲他的代表作，却也有着特殊的價値，是「農民文學」的一種傑作。這劇本脫稿時，作者已經五十九歲；晚年的托爾斯太的生活是側重在平民方面的，從這里，可見他的觀察的仔細，體味的深刻，以及描寫的精密，實在是個強有力的表現。

劇情的大略是：一個富農，久病不能做事，他的年青的妻阿尼西與長工尼其太私通。尼其太本來有着愛人，是個孤女；他的父親叫他同孤女去結婚，他的母親却要他拋棄孤女，同主婦勾連下去，爲的是一到主人死亡，就可以同主婦結婚而得到許多財物。因想早得遺產，她且買了毒藥給阿尼西，使得病人速死。富農知道他的妻是靠不住的，病篤以后，屢次要叫他的妹子來到，想把銀錢交給她而付托后事，可是沒有達到目的，只是更招殺身之禍，終於氣未絕而銀錢已由阿尼西的竊取而到了尼其太的手中。富農死了，尼其太做主人，另雇長工，生活安逸以后，就同富農的前妻所生的名義上已是他自己的女兒的阿庫林私通起來，帶着她到城中去逍遙，把已經作爲正式的妻的主婦視作眼中釘。不久阿庫林生下小孩子來，不能公開養育，尼其太被迫，親手把自己的孩子弄死，埋在地窟裏。等到阿庫林嫁人，正在舉行婚禮，被棄的孤女也來參觀，尼其太於高張的情感中，向衆自白了一切，於是被捕入獄。

在第四幕中尼其太殺害孩子的一段是很緊張的，也很可怕，充滿着悲慘的情調。這在托爾斯太雖然還是初次試作的第一個劇本，可是結構緊嚴，佈局周到，是很能使得讀者觀衆感動的。

因爲良心發現而自白罪惡，托爾斯太晚年的作品，自然帶着宗教的色彩。可是，親手殺害自己的孩子，是迫於旁人的催促的，固然心有所不忍；眼看得心愛的阿庫林同別人「拜堂」，又有着也是由於不得已而拋棄了的孤女在一起，在感到了非常空虛的時候而懺悔罪過，原是人情之常。作者把人物的心理過程分析得很清楚，也寫得周到，所以很自然而容易動人。——托爾斯太的著作的値得注意，原在人道主義的偉大，、與藝術手段的高超，宗教色彩只是枝節關係，無害於作品的根本。

所謂黑暗之勢力，原是『金錢的罪惡』罷：尼其太年青力壯，本是個安分守己的長工，因受金錢的誘惑，拋棄他的孤女的愛人，幫同主婦「謀害親夫」；一得到了遺產，就私通阿庫林，打罵阿尼西，殺害親生的孩子，還輕視他自己的父親，常於醉中吵鬧，一味的妄作妄爲；總之金錢，使人墮落。俄羅斯本是宗教之國，尼其太的母親，當然知道謀財害命的不應該，會得買毒藥、幫凶，無非爲着金錢，是明知故犯的作惡的；——一般婦女不會直接賺得金錢，在這種金錢制度下面，却不能夠憑空生活，只好陰險百出。 阿庫林的小孩子，既然生在世上，本該好好的活，橫遭殺害， 雖也由於『禮教』『風化』的關係，主要的原因也是金錢的作祟。其實阿尼西，輕輕的年紀，給衰老多病的富農做「后妻」，當然做不好人，只得同長工私通，弄得「謀害親夫」，可見當初的結合，並非出於自願的戀愛，無非由於『買賣』；生活根本不自然，原也是個犧牲者。

對於金錢，尼其太的父親在第三幕中說得很不錯：『看看很好，其實壞極了， 財富那東西正可以使人放縱！』（耿濟之譯商務版。）

寫這劇本時的托爾斯太，已經處處以世道人心爲懷；旣然以宗教爲歸宿，當注意於心理的分析，以表明心理的過程爲要務，對於「金錢的罪惡」，並不是專心「暴露」的罷；只是現在我們看來， 已經是一種「反映」。 反映在作者雖然往往出於無心，可是到了以后，也就有了暴露的效果。 從這個劇本，可以明瞭當時俄羅斯的黑暗情形，所以值得一讀。

托爾斯泰自白（讀者隨筆）

許欽文

如果名人的自敍傳的確是値得閱讀的，那末托爾斯泰的自敍傳更加値得閱讀，因爲，這位世界的也是歷史的特出的人，正如高爾基所說，『無論在那一方面，都沒有一個比他更複雜更矛盾更偉大的人。』

讀了托爾斯泰自傳的作品中之最重要的托爾斯泰自白，（徐百齊丘瑾璋譯，商務印書館出版）我覺得這位特出的人的造成功他的偉大，由於下列的四點：

一、體質強健；

二、凡事認眞；

三、崇尙道德；

四、以大衆爲歸依。

照自白第四節，可見托爾斯泰已經快到五十歲的時候，還是『享有健康的身心爲朋輩中所少見。 在體力方面，我能和農民一樣刈草；在心力方面， 我能一氣工作八小時至十小時，而不覺得有什麽不好的結果。』要是沒有這種體質，卽使有了正當的主義，也只是抽象的理想。托爾斯泰是個實行家，他常與農民爲伍，同樣操作；且不說別的，只是遺留給我們的戰爭與和平與復活等等，這樣深刻濃厚的洋洋大作，也非有強健的體質是寫不成功的。

高爾基說托爾斯泰「複雜」、「矛盾」，固然是切中的話。可是這樣，都是由於他的凡事認眞的。在自白中，處處可以看出來，他對於人生的問題，不但要問「是什麽？」「爲着什麽？」還要研究「應該怎麽樣？」切切實實，仔仔細細，不肯放鬆一點。「今是而昨非，」本是有所覺悟而進了一步的；托爾斯泰的矛盾多，就是他進步的層次多了的標記。矛盾既多，自然「複雜」起來；托爾斯泰對於人生究竟的探求，委實是非常努力的了。

有着強健的體質，能勾認眞用心思的並非不多；但如托爾斯泰也像一般人的只爲個人一家打算，那末在他當時，無非成功個大地主，或者衣襟上面挂幾塊勳章，至多是個科學家。托爾斯泰是大文豪、是哲學家、也是宗教家；——爲着大衆，他重信仰，崇奉「上帝」；這是因爲他時刻以道德爲懷，所追求的，並非片面的功利，而是整個人類的幸福。

托爾斯泰終於以大衆爲歸依，在自白的第十三節上首先這樣寫着：『我離開我們這輩人的生活，承認我們這輩人的生命並不是生命，只是假裝的生命，——我們的優裕生活使我們不能了解生命，並承認爲欲了解生命，而須了解的，不是我們這般寄生蟲的特殊生命，而是簡單的勞苦的民衆——創造生命的人——的生命和他們所加於生命上的意義。我周圍的簡單的勞苦民衆是俄羅斯的人民。我轉而向他們和他們所給與的生命意義。』

以大衆爲歸依是托爾斯泰晚年的中心思想，也就是他的偉大處。經過多年的苦心思索和實地經驗，屢次三番的「覺今是而昨非」，盡了他的長壽的畢生之力，才獲着這以大衆爲歸依的結果，可見是人生最高的目標了。這在沒有人比托爾斯泰更深刻久長的探求人生究竟以前，是無可懷疑的了罷。

從這册托爾斯泰自白，我們還可以明白當他青年時代的俄羅斯的一般情形；如第二節所載，『每當我表示至誠至善的願望時，便遭受輕蔑和嘲笑。但當我屈服於齷齪的情慾時，便受到贊美和鼓勵。

『野心、好權力、貪心、好淫、驕傲、憤怒、仇恨等，都受推重。』

這册自白，本來叫做懺悔錄，因爲自白着這樣的話：『我曾殺人於戰場，激人決鬥，以犧牲其性命；我曾賭牌輸錢，榨取農民的勞力，判處農民以罪罰，生活放蕩，誘惑他人。欺騙、搶刦、各種不義行爲，酗酒，強暴、殺人——沒一種罪我不曾犯過，而人們反因此讚美我的行爲』(見第二節)。

別人並不把托爾斯泰當作強盜殺人犯看待，所謂搶刦殺人，自然是暗中進行的；犯罪是指道德而言。但從這些自白，也可見當時的俄國也是這樣黑暗的了。

人類前史底謔畫——「企鵝島」

胡　風

企鵝島，A·佛郎士作，黎烈文譯

「世界文學名著」之一，商務印書館出版

定價九角

一

作者在序，其實是寓言式的楔子裏面叫一個年老的歷史家說出了這樣的話：

……如果你想使你的著作受着大家歡迎的話，你得對於成爲社會基礎的種種道德，如對於財富的熱誠，敬神的感情，尤其是窮人的忍耐——這是秩序的起源——等等，隨時

……一個身材高大，有着白色的皮和褐色的毛的企鵝人，肩着一段樹幹走下盆地。他跑到一個被太陽晒的墨黑，身材短小，正在澆灌着萵苣的企鵝人面前，對他喝道：

「你的田是我的！」

他說出這強有力的話後，便將樹幹猛擊着那小企鵝人

加以頌揚。你得確實聲明先生，你會在你的歷史裏對於土地所有權，貴族，警察的起源等，給以這類制度所值得的尊敬的敘述。你得使人知道你遇到有什麼不自然的事物出現時，你可以承認它的存在。這麼做去，你的書便會得到上流社會的歡迎。

這是從反面說明了他底主題的，因爲作者所要做的正是對於「成爲社會基礎的種種道德」的否定，對於所謂「上流社會」的無情的暴露。最偉大的哲學家說過，眞正的人類歷史底開始，須在一次澈底的大解放以後。這本書就是人類史前時期底謔畫。

謔畫家底本領是凸出地鈎出骨格上的特徵，那就是誇張地說出作者底認識要點。對於人類社會底構成和發展，作者是怎樣認識的呢？在這裏就重要的問題舉出幾個例子。

第一是土地所有權底起源：

爲是企鵝人裏面最高貴的人物，便坐在最高的一塊石上

（六四——六五頁）

第三是租稅底徵取：

……公共利益所要求的是不要多取於錢多的人，那麼富人便不會有以前那麼富，而窮人將比以前更窮。因爲窮人

的腦袋使他登時倒斃在他自己耕種的地上。(六一頁)

這些長着褐毛的巨人「在創立所有權他們在建築文明的原則和國家社會的基礎，」因爲，「耕種土地是一宗事情，佔有土地是另一宗事情。這兩事是不應該混亂起來的。從所有權的立場說來，最初佔有者的權利是非常不安定的。反之，征服者的權利卻有着堅實的基礎。因爲祇有征服者的權利是唯一使人尊重的權利，所以它便成爲唯一値得尊重的權利。所有權的唯一而又光榮的起源是力。所有權是由力產生並由力保有着的。因此所有權是莊嚴的，並且祇有更大的力纔能使它轉讓。所以說不問是誰，祇要佔有着他便是貴人。這話是很合理的……」(六二頁)承認這種所有權底神聖就是「民法的創始」(六三頁)。

第二是國會底組成：

……被召集起來的三十個耆宿，在木造的修道院庭中的大楓樹下會合着。這是企鵝國的最初的議會。議員裏面有四分之三是修賴爾和克朗盤兩河流域的豪農格里安克因

「提案被通過了。」

「爲着開拓第三朵朗德市場而起的戰爭，已經在我國認爲滿意的情形下結束了，我提議的這次戰事的賬目移送經濟委員會……

靠着富人的財產生活；所以富人財產是神聖的。請你不要侵犯富人的財產罷：這是一宗沒有理由的壞事。因爲富人究竟有限的緣故，你即使向他們多取，也得不到怎樣大的好處；反之，你這麼做着，使得全國都貧困起來，你會失去一切的財源。假使你不問財產多寡，每人都課取一點，那麼你旣可以收得夠用的稅款，你也用不着去調查市民財產。這事會使得他們非常討厭的。當你向大家一律徵取着輕微的租稅時，你便等於寬待了窮人，因爲你把富人的財產留給他們了。……最確實的事情是大家要飲食。請按照人們消費的多少來徵取租稅罷。這樣纔是賢明的辦法，這樣才是公道的辦法。(六六頁)

第四是戰爭底原因：

「爲着開拓蒙古市場而起的戰事，已經在我國認爲滿意的情形下結束了，我提議將這次戰事的賬目移送經濟委員會……

「沒有什麼異議？……

裝成惡龍的殘害了人民的惡漢，被奉爲護國神的聖處女卻是和這個惡漢以及其他的牧羊人們過着淫蕩生活的女子。在作者底筆下，遮掩眞相的歷史的假面被撕成了片片。

「沒有什麼異議嗎？……

「提案被通過了。」

「我沒有聽錯嗎？」奧培努比爾教授問道。「怎的？你們，一個工業民族的你們竟參加着這一切戰爭嗎？」

「當然啦，」通譯回答：「這都是一些工業的戰爭。沒有商工業的民族是不必從事戰爭的；可是一個從事企業的民族便非採用征服的政策不可。我們的戰爭的數目是跟着我們生產力的發達必然地增加着的。等到我們的某一種工業沒有地方行銷它的生產品時，我們便得來一次戰爭給它開拓新的銷路。因這緣故，所以我們今年有過一次煤的戰爭，一次銅的戰爭，一次棉的戰爭。我們在第三釆朗德屠殺了三分之二的居民，以便强逼着其餘的人購買我們的雨傘和褲帶。」（一七五—一七六頁）

所謂「國家」就是這麽一囘事。教會受這樣的國家底供養，國家被教會所支持。第一個坐上了最初的王朝底寶座的是一個白歐洲文化史上的掌故就不能充份地理解書裏面的文化批判一樣，然而雖然如此，我們還是不費力地可以看到在敍述排斥猶太人的大騷動事件裏面作者是把握住了正確的分析和不妥協

二

在這裏，我不想詳細地解釋影射了法國歷史同時也就是人類歷史的企鵝人歷史底發展，但值得說明的是所謂「八萬束乾草的事件」，即排斥猶太人的大騷動，是本書底最着重的部份，佔了將近四分之一的篇幅。

大家知道，佛朗士原來在藝術上是一個唯美主義者，在對於社會的態度上是一個「被動的旁觀者」。從唯美主義者底手裏寫出了像企鵝島這樣「傾向性」非常濃厚的書，從「被動的旁觀者」變成了人類解放運動底最前驅的戰列裏的一員，正是由於排斥猶太人的德萊弗斯（Dreyfus）事件，也就是本書裏的「八萬束乾草的事件」所影射的。所以本書是作者底思想轉變底一大結晶，是作者對社會的認識底一大告白，可以說，對於專史的敍述是爲了說明「八萬束乾草事件」底眞相，或者說，是對於「八萬束乾草的事件」的認識底擴大。

當然，不明白當時的法國底情形，就不能充份地理解書裏面的對於排斥猶太人事件的辛辣的諷刺和無情的暴露，猶如不明種是沙頗爾和拉柏爾遜的主張放任的意見，另一種是非尼克斯和拉利維主張干涉的意見。而這兩種相反的意見在對於軍隊的首領及其裁判有着共通的憎惡，對於辟洛的無罪有着共通的信

的態度。關於這，我們可以舉出例子來說明：

第一是對於所謂「猶太人」的解釋。資產階級的大猶太人是民衆所痛惡的，地位平常的小猶太人卻不爲人所怕可是，「在拜金環境裏孕育並產生出來的企鵝國的大小闊人，多少都有一些財產，他們深深地意識到資產的連帶性，懂得小的財富是要從大的財富的穩定上獲得安全的。因此他們對於猶太富翁正像對於基督教徒的富翁一樣，懷着一種宗教的尊敬。在他們心裏，利益的觀念既然超過了怨恨，他們便覺得碰一碰那班被他們憎惡着的大猶太人的一根頭髮，也像死一般可怕。對於小猶太人，他們便毫不客氣了，假使他們看見有一個小猶太人倒在地上時，他們便將他加以踐踏。所以全國聽到叛逆者是一個猶太人，且是一個小猶太人時，便感着不可言說的滿足。大家可以在他身上對猶太人全體加以報復，而不必害怕危及公共的信用借貸。」（二四四頁）排斥猶太人是西洋近代史上的不斷的糾紛，不斷的悲劇，但我想作者在這裏所下的解釋，在任何事件裏都是可以適用的罷。

第二是在排斥猶太人的騷動中的社會主義者底地位。據作者底分析，社會主義者底意見，「最後分析起來，可以大別爲二：一
絞出他們的聲音，「啊，企鵝人啊，停止這類鬩牆之爭罷；不要再撕裂你們的母親的胸懷罷！」這樣歎息着，彷彿人是可以沒有口角和鬥爭而能營其社會生活似的，彷彿內訌不是國民生活和風俗進化的必要條件似的！這類在正直者與不正

念這兩點上卻又表示了一致。所以一般人把社會主義的領袖看作非常危險的辟洛黨是一點也沒有錯的。」（二八〇頁）而且，實際上社會主義者是參加了辟洛黨底行動的（二九五頁）然而當辟洛黨得勝了以後：

……大猶太人和七百個辟洛黨帶着輕蔑的顏色拾棄了自己不多時還低首下心求援着的社會主義者：

「我們不再認識你們了，」他們說「連同你們社會的正義一道滾開罷。社會的正義即是財富的保衛。」（三〇六頁）

第三是在猶太人和反猶太人之間的，在復辟黨和社會主義者之間的「第三種人」對於市街鬥爭的態度：

……這樣的光景當然是冷靜的理智所不能讚賞的，當然是注意街路治安的市政人員所當感覺煩惱的；可是使得有心人更加傷感的卻是那些害怕受到打擊因而以同樣的距離離開兩個陣地的僞善者的形狀。他們雖一面使人看出他們是那樣自私，那樣卑怯，但一面卻還想人家歎服他們感情的寬大和靈魂的高潔；他們用胡葱擦着眼睛，把口張得像鱈魚的嘴一樣，以拉大胡琴的姿式擦着鼻涕，從肚子的頂底
女的那個不貞的女人，而且還借修道士底嘴說了另外一個不貞的女人底故事，那主意就更加明顯了。

但最重要的是他對於人類底「未來」的展望，在題作「未來——永遠的歷史」的最後一篇裏所表示出來的。工業愈發達，

直者之間提出妥協的庸劣的僞君子，便這樣同時損壞了正直者的權利和不正直者的勇氣。這類僞君子之一，那有錢有勢但卻非常怯懦的瑪洗麥爾，便像苦痛的巨人似的聳立在亞爾加城上；他的眼淚在他的脚下積成了產魚的池塘，而他的歎息竟吹覆了那池塘裏的漁舟。（二九五——二九六頁）

凡有這些，如果和當時的法國社會情况對照起來，當然更加有趣，也當然更能夠想象得到當時和左拉等爲了德萊弗斯事件而站了起來的作家佛朗士底英勇的面貌。

三

然而，佛朗士是並沒有達到明確的科學的結論的。例如，他把排斥猶太人事件以後的全部政治糾紛集中在一個不貞的閣員夫人身上，這並不是由於故事結構底便利，而是由於肉樂主義是人類底本性，即社會發展不能變革在自然力量支配下的作爲雌雄的人類這一思想底殘餘而來的。在題爲「企鵝文明的極致」的企鵝族底具體的歷史底結末裏面，作者又提到了被當作聖處明的憎惡，完全混合在一起了。

工業文明毀滅了，都會成爲廢墟了，「日月像泉水一樣流着」，又由畜牧生活漸漸地進化，一直到房子高到三四十層的都會文明時代………

然而，這樣的循環的歷史觀，這樣的無法解決都會和鄉村的富者更富而窮者更窮，工業發達到了最高度的都會就更不適宜於人類的生活。這問題怎樣解決呢？佛朗士底回答是：科學發達了都會文明，科學也要毀碎都會文明。似乎是象徵科學的叫做克雷的男子和在女郎加洛林談笑之間安排着把都會炸了起來。

……在第一次爆炸案發生後的百四十一日，當那帶着野礮隊和攻城礮隊的六個軍團在晚間開到都會最貧窮的區域，現在被一條火與烟包圍了的那唯一的殘存着的區域時，加洛林和克雷在一座高房子的頂上手挽手地眺看着。一片快樂的歌聲從街上昇起，瘋狂了的羣衆正在街心跳舞着。

「明天便什麼都完了，」男子說，「這樣是再好沒有。」

頭髮散亂着，臉孔被火光反映着的那少婦帶着一種敬虔的快樂凝視着漸漸向他們身邊收束將來的火箍：

「這樣是再好沒有」她照樣說着。

於是她投在破壞者的懷裏給了他一個喜得發狂的接吻。（四〇八——四〇九頁）

在這里，唯美主義的絕望，肉樂主義的狂喜以及對於都會文矛盾，窮與富的矛盾的絕望，已經給現在的新世界底事實打碎了。新的人已經開始建設鄉村似的都會，都會似的鄉村，保存並且繁殖了海涅底夜鶯玫瑰……，也掃除了佛朗士所害怕的都會底毒害，新的人正要把世界改造成一個大的花園，預備揭開眞正的人類歷史底第一頁。

一九三六、二月十日。

讀了玻德的『帕利小姐』

蔣逸霄

Eleanor H. Porter 原著——李葆貞譯——商務印書館出版——定價八角

慾望是產生人類苦痛的淵藪，這句話是一點兒也不錯的；因爲人生的慾望是無窮的，而世間足以滿足人生慾望的事物却是有限的，以有限的事物而欲滿足無窮的慾望，這當然是不可能的事情。今天剛滿足了我的一個慾望而心頭感到幾許快慰，驀然一個新的慾望又闖進我的意識裏了，於是我又得爲滿足這新的慾望，而心意紛紜，而勞神苦思，而煩悶焦灼；萬一我自己的能力與外界的環境永遠不允許我能滿足這個新的慾望，而自己理性的毅力又不能把這慾望壓抑到意識之下而使牠漸漸趨於淡薄消滅，那末我將永遠沉溺於失望的深淵之中，而感到悲哀苦惱，甚至心意沮喪。所以，一個人要在慾望的滿足中追尋人生的快樂，適足以陷自己於永遠的悲苦之中。

這本世界文學名著帕利小姐明白地告訴了我們，而且指示了我們，與其專向慾望的滿足之中去追求人生的快樂，不如克制自己的慾望，或者追尋自己的能力與外界的環境所能允許滿足的慾望，以替代那些自己的能力與外界的環境所不能允許滿足的慾望。這樣，一個人便能處處都是快樂，永遠不會失望，也永遠沒有苦惱！

這本小說裏描寫兩位女主角：一位是帕利小姐，她是一個四十來歲的老處女，父母姊妹完全死了。她擁着她父親遺下的千萬資產，在物質方面的需要無有不能使她滿足的吧？然而據她的女僕南錫告訴人家說，她從沒有看見過她小姐的臉上現着一絲笑容，她一天到晚總是那樣的冷靜，那樣地嚴肅，使人一見到她就感到不安，就感到惶恐。那末，這樣說來，帕利小姐又何嘗得到了一些人生的快樂？園丁老湯姆說，她在二十年前曾經有過愛人，自從她與她的愛人決裂之後，從那時她的心境變了。哦！原來她的物質上的慾望雖不愁不能滿足，還有精神上，生理上的慾望尙有未能滿足之處吓！

還有一位是帕利安娜。她是帕利小姐的外甥女。她從小就沒有母親，父親是一個牧師，當她十一歲的那年，不幸這位牧師也去世了。於是這個無父無母的孤兒，就被送進了婦女救濟院裏。 後來有人寫信給帕利小姐，請求她看她姊姊的分上，把這孤女接過來，領養她到成人。帕利小姐知道這件事情是她應負的一個責任，所以也就毫不猶豫的把她接領了過來。 然而像帕利小姐那樣的冷靜孤僻，同一個十幾歲的孩子相處，而帕利安娜又是一個天眞活潑富於熱情跟她的性情極端相反的孩子，她是否能喜歡她，愛護她，而給她一種慈母的溫存與體貼，使她漂泊無依的稚弱的心靈之上感到歡樂與快慰，大概你總能想像得到吧？

像帕利安娜這樣的身世，這樣的遭遇，與這樣的處境，在一般人的猜想之中，必以爲她會終日緊鎖着愁眉，露不出一點快樂之意，甚至會晨夕以眼淚洗着臉面；乃孰知事實上竟會恰恰相反，她極端地快樂，從沒有悲苦愁慮，即使有，也像朝陽裏的薄霧一般，不多一忽兒就消融盡了；因爲她懂得怎樣自解自譬，怎樣去從自己的能力與外界的環境所能允許滿足的慾望之中以追求她的人生樂趣。

她的這種處世的態度完全根據於她自己的一種人生哲理；而這種人生哲理得之於她父親教她玩的一種「游戲」。是怎樣的一種「游戲」呢？當她幼年的時候，她想要一個洋娃娃，於是她父親投信在教會的捐櫃裏請人捐助，但是囘信說沒有洋娃娃，只有小拐杖。後來就把拐杖送了來。她心裏很不快樂。她父親就在這上面教他玩起「游戲」來。我們看了第三十七頁她同南錫的談話，就可以明白這所謂「游戲」的意義。

『「但是，我看不出那裏面有什麼可玩的地方」，南錫差不多一點不懂。

『「哦，是啊；這種游戲就是對無論如何的事都能快樂——不管是怎麼一囘事。」帕利安娜又正經又誠懇地講。「我們就是那樣從拐杖玩起的。」

『「罷了，我實在看不出那有什麼可快樂的——想洋娃娃來了拐杖。」

…………

『「眞蠢；不懂嗎？你快樂就因爲牠們是不必需的東西呀！」

帕利安娜勝利似地挺直起來。「你看容易吧，只要你知道怎樣地做！」』

因此，她把這頑「游戲」的哲理，一貫地應用於她處世的態度。當她沒有到帕利姨家裏的時候，她幻想着帕利姨所爲她準備下的房間，一定是地上舖滿了地氈，牆上掛滿着美麗的圖畫，還有大鏡子與柔軟的窗簾的一間，待她看見了『兩邊光光的牆什麼也看不見。扶梯頂上連一大塊空間通到老遠的角上，屋頂險些靠着地板，裏面並且放了無數的箱子櫃子。裏邊又熱又潮濕。……』這樣一間屋子，而且知道了這就是她以後長期住在裏面的房間以後，她便自己安慰着自己，『我也能爲着沒有鏡子而高興，因爲沒有鏡子便瞧不見我臉上的雀斑了。』而且，屋外的樹，房屋，還有可愛的教堂頂，還有明亮的小溪水正像銀子一般，她以爲這自然的美麗的景色，比掛在牆上的圖畫更可愛。當帕利姨爲她過了六點鐘纔囘來吃晚餐而罰她在廚房裏吃牛油麵包的時候，她說她非常高興；因爲她喜歡吃牛油麵包，而且可以同南錫在一塊吃，有說有笑的，更有滋味。

這樣也就不會感到受懲罰的怨恨苦痛。

帕利小姐是一個現實人物的典型。 試問茫茫宇宙中的芸芸衆生那一個不悲愁苦悶於或種慾望的未能滿足；不過慾望的種類有不同，範圍有大小，程度有高下而已。 帕利安娜是作者理想化的人物。 她的人生觀，她的處世態度，也就是作者所訴之於我們的他所想像的人生觀，與他所想像的處世態度。 所以，描寫帕利小姐是作者在表現着人生，並批評着人生，而描寫帕利安娜乃是在指導着人生，指導我們應當以怎樣的態度去逃避人生的苦痛而追尋眞正的快樂。 作者的意旨，當然不在前者的暴露現實，而在後者的表現他眞實的一種理想，這在文藝的價值上，較之僅以客觀態度忠實地描寫現實的作品，對於人生更多盡了一重積極的指示的職責。 以兩種相反的人物穿插互寫，不但不使我們感到有不諧和的矯揉造作， 而且幫助我們得到更明白更有力量的觀念與意識。 讀完以後，不能不使我佩服作者在材料的支配上，文體的構造上，以及描寫的技巧上處處都流露着一種從容不迫與恰到好處的天才。 至於譯筆的簡潔短峭， 毫無一般譯文的拖泥帶水的弊病，這也是頗堪欽佩的一點。總之，這實在是一本值得一讀的文學名著。

「孤女飄零記」讀後感

伍光建譯——商務印書館出版——定價一元四角

吳　傑

孤女飄零記（Jane Eyre）的作者布綸武·夏羅德（Charlotte Brontes:）是負了盛名的一位十九世紀中的女作家。她最初是一位女詩人，後以詩不見賞於時，改作小說。最初的處女作教授（The Professor），未得書店歡迎，終於到她死後才得出版。從這部小說受了冷落的打擊後，她不斷地努力創作；由於努力的結果，終於寫成了這一部有名的長篇創作孤女飄零記。

這部書寫成後，她投於從前拒絕接受教授的那家書店，書店主人大爲讚賞；廢了一日一夜的工夫，讀完了這稿子後，毅然刊行。這書出後，震動了當時許多國家的讀者，特別是美國人。

夏羅德的這本創作，是寫另一個女孩子的故事，但是有着許多實生活作根據的。據說小說中孤女幼年的一段生活，特別是在學校中的經驗是她自己幼年曾經親歷過的，所以她能寫得這樣活潑動人。

這本作品中的女主人名叫姤梧愛爾，是一個從小受着冷酷的待遇，而自己却是一個極熱情的人。並且她是一個懂得愛情，可是富貴不能淫，貧賤不能移，威武不能屈的女性。因此這書剛一出版，讀者都以爲是一部高尙不凡的作品，文人名士都甘拜下風，爭着想和她結個一見之緣。可惜她文名顯後，享年不永，結婚後一年便死了，死時祇有三十九歲。死後許多文人爭着替她寫傳，對於她所遺留的斷稿殘篇，都當作至寶，這些都是由於她這部孤女飄零記的影響。

孤女飄零記是用第一人稱寫的。一個自幼便沒有了父母的女孩子，寄居在她舅父母家裏。這女孩子又貧窮又醜陋；她舅父臨死的時候，告訴她的舅母說：「我死後你務必要好好地撫養這孩子」。誰知她的舅父死後，舅母便用種種的方法虐待她，連她的表兄弟姊妹都用了另外一種眼睛去看她，不把她當作一個平等的人。

她舅父的兒子，約翰李特，常常無理由的打她，欺負她，她受了欺負之後，是有寃無處訴的。有一次約翰又要打她，凶猛地走過來，這時她才十歲，約翰是一個比她大四歲的男孩子。她說：

『他是終天的蹧蹋我。我一看見他，我就害怕，他一走近前，我身上的肉就縮小起來。他恐嚇我，我是無處訴苦，僕人們是不敢得罪少爺的。他的母親看見了，也當不看見，不管，我告訴她，她也不理，我每逢想起他這樣虐待我，我就糊塗了。他母親看見他打我罵我的時候却不多，他母親看不見的時候，他打我罵我的時候不知有多少次了。』

她從小便是一個聰明倔強，而有理智的孩子，所以她處了這種環境，她是能用理智去應付的，她從來不和這一般欺負她的孩子去亂鬧。

有一次人家欺負她，說她犯了過失，把她關在一間紅屋子裏，這間紅屋子陰黑慘淡得像一個監牢，她的舅父李特死的時候在這裏停過柩的，因此沒有人敢進去。她被關進去了以後，她害怕極了，起初只是哭泣，後來好像到了舅父的坟墓，看見舅父的影子，看見牆上發着光，她嚇得在房間裏大喊大跳，但是家裏的人和舅母說這是她使的詭計，想人家把她放出紅屋子來。

關了很久，嚷跳了很久，外面仍舊沒有人睬她，于是她因用力和恐怖得太厲害，竟然暈倒了。

暈倒以後被人抬出來，抬到孩子們的屋裏，這時候她已經因過分的刺激而生了病。

『我看見一個生人，不是此地人，不是李特太太，我覺有了保護。我細看看這個男人的臉，我認得他是洛先生，是個開藥店的，僕人們有病，李特太太常請他來看病的，她自己或兒女們有病，請的是正式醫生。』

『……當他坐在我枕邊的時候，我覺得有人保護我，有人照應我，我心裏覺得很安，他一走了，我又覺得非常之難過。』

這是她病中的生活和受的待遇。夏羅德對于這樣一種幼年的生活和心境是有着親切的體驗的。一個孤獨的兒童，沒有任何人安慰她的時候，一個陌路相逢的醫生却成了她最親愛的人。

這女孩子以忍受不了這無情的凌辱，終于離棄了她舅母的家來到一個義務學校裏去讀書。她入了學校以後，又受了不少的貧窮孩子所受的待遇。但她堅苦努力，一連在校住了八年，六年當學生，兩年當教員。這八年生活對于這個女孩子是平凡的，沒有什麽快活，可是也沒有什麽愁苦。過了這八年以後，她的生活中來了一個新的開展，即是她脫了孩童的時期，而入了一個少女的初戀時期了。

因爲厭倦了這八年的長期生活，想換一個新的環境，她便離開了學校，跑到唐菲地方一個大宅子裏去當媬母。在媬母的生活中，認識了她後來結婚的丈夫洛赤特。

洛赤特是唐菲大宅的主人，是她的男東家。他是一個高大、勇敢、將近中年的男人。他少年時曾結過婚，娶的是一個富而美的姑娘，但是結婚後發現她是一個瘋子，並且她的瘋是世傳的，她的母親也是瘋子。洛赤特感覺着和瘋子同居是沒有幸福的，於是把她關在唐菲大宅的樓上，只告訴人說他沒有妻室，好重新再過他結婚的生活。

洛赤特一看見愛爾便歡喜她，乃至於愛上了她，她也喜歡洛赤特。但是洛赤特是一個比愛爾大了二十歲的男人，同時他很富有，所以當時他愛了一個貴族小姐英格林，和她訂了婚。洛赤特要娶英格林小姐，才造成了異常緊張的他與愛爾間的悲喜交集的愛情故事，也可以說，這本作品裏從這時候起，故事發展到了一個最動人的緊張場合。

『我雖然曉得他不久就不是我的東家，我曉得我在他眼裏不算個什麽東西，然而他很有使人歡樂的力量，那怕多少享受一點，如同小鳥吃着麵包屑子一樣，抵得一飽……。』

『假使我不是十二分的愛他，我看他臉上那種非常之得意，聽他那樣高興的腔調，難免不以爲他有點野彎；但是我坐在他的身邊……。」

夏羅德是用了自己的體驗寫出了這少女的心情的。她愛他的東家，但是想着自己又窮又醜，比不上英格林小姐，結果是她既愛了洛赤特，可是又怕見他，釀成了矛盾的心理。

故事發展的最高點，便是愛爾和洛赤特兩個人在園子裏，愛爾知道洛赤特要和英格林小姐結婚了，洛赤特結婚後，愛爾便要離開唐菲大宅，和她所戀着的東家要分別了。她單獨地和他在園子裏，不敢親近他，但是又喜歡親近他。不敢看他，但是又時刻注意了他眼睛，他的眼睛是不斷地望着她自己的。

『我這時候憂愁同戀愛攪動，我的心發生極猛烈的情感，絕不能由我自主壓制下來……。』她發現她有這樣的心理。

最後，洛赤特告訴她：

『……我有什麼愛英格林小姐的？完全是一毫都沒有。我已經很費事的證明，我毫不愛她。……我却戀你，同愛我自己一樣。你又貧窮，又小，又醜陋，我求你嫁我。」

愛爾驚動了，她從此醒了那悲哀而可怕的離別的夢。他們訂了婚，他們成了未婚夫婦。

洛赤特本來要求愛爾小姐在一月內和他結婚，他們什麼都準備好了，到了結婚的那天，當神父致辭的時候，洛赤特的瘋子妻舅忽然出來證明他是已婚的，並且前妻現還活着，把洛赤特的祕密宣佈了。他們二人的快活又轉成了悲哀，愛爾因爲不願和一個有婦之夫潛逃，便單獨一個人逃了出去，逃走後又流浪了幾年，聽見洛赤特念她的熱忱而受感動，回來尋着被大火燒瞎了雙目，折斷了右手的洛赤特，但她還是愛他，和他結了婚。故事雖然是以團圓作結束，但曲折委婉，不像一般喜劇作品這樣能動人。

夏羅德寫感情是眞實而細膩的，寫自然是生動而美麗的。特別是對於一個女性的描寫，寫出了一個具體的活人物，假如她不是一個女性，沒有親身的經歷，是難有這樣充實的。

伍光建先生譯這本書是在譯俠隱記二十年之後，文筆的流利很像前書，但是句子的純熟自然，比前書更好。他能用譯筆把原作中的人物風景，性情顏色，月亮的光澤，夜鷹的歌唱，都生動地表現出來。

正義（新書介紹）

哥爾斯華綏著——方安譯——商務印書館出版

蒙度

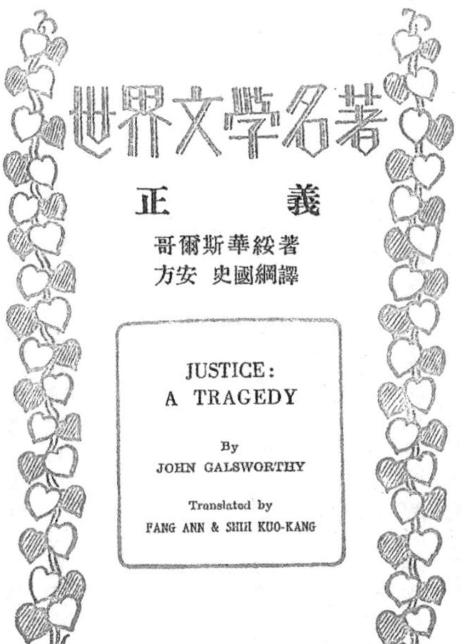

爲了求得正義，全世界的人都在叫喚着改革，要改革社會的一切制度；但是這種改革，不過改變了社會的法律，而組成社會的人類本身幷沒有變換。那末是不是單單法律就足以維持着正義呢？哥爾斯華綏在他的正義裏面回答我們這個問題。

他的回答是否定的，法律有時會和正義衝突。正義是一齣四幕悲劇，牠描寫一個正直的青年，因了同情一個被丈夫虐待的女子，和那女子發生了戀愛。不幸他爲了想要救助那個女子竟犯罪被補，雖然他的律師證明他犯罪的當兒正陷於一種神經錯亂的境况，對於他自己的行動不能負責，但是法律是死的，他不能不受那固定的監禁。出獄之後，他受着社會的歧視，竟無法生活；後來得到幾個瞭解他的人的幫助才有了一個職業，幷且有了和那女子結合的機會，但是這時候警官又跑來把他帶去，因爲他假造了一封求職業的薦書。這再度的被捕使他絕望而跳樓自殺。

在這本悲劇裏沒有一個是壞人，個個都是正直，奉公守法，而有同情心，然而我們的主角的遭遇還是這樣地悲慘，爲了法律，他們沒有法子來救助他。這裏充分地顯出了用一種死的法律來管束活的人類是多麽愚笨的事。可是正義衹說了消極的方面而沒有提及積極的辦法，除了法律之外有什麽更好的東西來維持正義呢？哥爾斯華綏沒有在這裏告訴我們。

劇分四幕，第一幕就是犯罪的發現和主角的被捕，同時寫出英國的士紳階級是極其重視法律的。第二幕是審判的場面，那辯護律師的滔滔洪辯實在是全劇最緊張最精彩的部份，你們聽，他在大聲疾呼：

『……一個人生來有個薄弱的品性，就不可拯救了嗎？ 諸位，因爲我們的法律缺乏同情的先見，不把他們當作病人看待，而認爲犯人，天天在毀滅像這犯人的人們。……諸位，正義是一架機器，當一個人一度發動了牠，牠自己就會繼續進行着。是否這個青年爲了一個舉動，大不了不過是一個弱點；就要在這架機器之下磨成碎粉？……我力請你們，不要毀滅這個青年！ 因爲這四分鐘的結果，造成了他絕對的和不可挽回的毀滅。……』但是那判決是有罪。 并且那法官更宣布：『威廉福爾特你已經有了一個公正的審判，我決有罪了……。』的確，這是一個公正的裁判，從法律的立場來觀察。 總之，這本劇和其他的劇不同，并沒有一個使觀衆或讀者憎惡的反角，而唯一的反角就是法律。

第三幕是監獄的寫實，著者暴露出了監獄才是眞正的犯人製造所。我記得有一個出了獄的人的自述，說犯人在監獄裏就好似把鐵絲塞在一個玻璃瓶裏一般，玻璃打碎了之後，鐵絲仍舊保持着瓶的形狀。 這比喻是十分確當的。 接着在第四幕裏福爾特出獄之後受着社會的種種苛虐，因爲他是一個「犯法的人」。 環境不允許他繼續奮鬥，結果灰心而自殺。

哥爾斯華綏是中國讀者很熟悉的戲劇家兼小說家，他的小說沒有他的戲劇那樣地普遍，他善於描寫英國中上社會的形形色色，他的戲劇大半是取材於這階層的。 譯者方安女士對於英美文學研究很深，譯著極豐，哥爾斯華綏的名劇銀煙盒也是她譯的。

最後，我以爲這齣戲劇意義正確，譯筆流暢，很宜於排演；在我國劇壇缺少好劇本的這當兒，是一個値得介紹的戲劇。

介紹飯桶生涯的片段

蔣逸霄

——Joseph freihevr Eichendarff 原著——廖輔叔譯——商務印書館出版

——定價大洋伍角——

這本飯桶生涯的片段雖是一部長篇小說，然而你竟可把牠當作一篇非常美麗的滿溢着熱情的而又富於羅曼蒂克意味的散文詩讀着。 當你第一遍讀完以後，我不信你不會跟我表着同情，不再想回過來從頭再讀第二遍，甚至第三遍，愈讀愈感覺到作者的描寫技術的高超與神妙。

原來是德意志著名的浪漫派詩人埃賢朵夫的代表作品！ 在埃氏的各

種作品中表現着一種共同的理想，即以熱情去追求地上的樂園，在這本小說中所表現的意識也是如此。在這本小說裏，作者所告訴我們的他的理想的人生是怎樣的呢？ 在我予以分析說明以前，似乎有把全書的故事簡略地先敍述一下的必要。

一位青年音樂家，他父親罵他是一無所用的飯桶，不願意再在家裏養他，叫他到世界上去自己尋求麵包。於是這位音樂家從牆上拿下了那具他已經彈得夠巧妙的小提琴，懷着滿腔歡喜，離了自己的故鄉，漫無目的地踏上人生之路，去尋求自己的幸福。他一面走，一面彈，一面唱。 驀然後面駛來了一輛裝潢華麗的車子，裏面坐着兩位高貴的女郎，因爲聽他唱得眞好，於是叫車子停了，問他要到那兒去，他說他要上維也納。 這恰巧是那兩位女郎所要去的地方，『跳上車子後面來吧，我們也是到維也納去的。』 這一番照顧的盛情該使他感到怎樣的快樂與欣幸！ 他跳上車子後面，坐在踏板上，當車子顚簸前進的時候，他迷糊地睡着了。待他醒來睜開兩眼一看，發現自己已在一座輝煌壯麗的宮殿的前面。 後來由一個宮女傳出命令，委派那青年音樂家充任園丁。過了幾時，又調升他爲稅務官。 他熱情地愛着那兩位女郎，雖則他自己也知道以他的地位未必能得美人的青睞；然而他以爲：『誰都不能當着唱搖籃歌的時候，決定他的將來，一隻盲鷄有時也會找到一粒穀，誰最後笑，笑得最好，意外的事常會發生，凡人思慮，上帝統馭。……』 他抱着這堅決的信仰，勇往直前地追求；他拉着他的提琴，常在美人的窗前盡情彈唱； 他每天揀選那花園裏的最美麗的花朵編成一束， 到晚間放在涼亭中間的石桌子上，待第二天送花的時候，那束舊的已經不在桌子上了，最後他發現那送去的花朵却懸在他更愛一點的那位女郎的襟上。 他高興得幾乎要發狂。『啊！就爲你跳進火裏去我也決不推辭！』 他曾這樣地想；但在一天的晚上，他看見一位高貴的漂亮的穿着華美的軍服的公子， 閃着很多的寶星，在露台上面，挽着那位他所心愛的女郎。 嫉妬之火燃燒到他心上。他想：『那個美人兒壓根兒就沒有想到我，而且早就結過婚了，祇有我自己是一個大傻子。』 於是他又從牆上取下他的提琴，走出他的住所，馬上踏上燦爛的大路，一直向意大利走去。 那知那位美麗的女郎也正愛着這位青年音樂家，自從他失蹤以後，宮裏幾乎鬧得天翻地覆，於是偵騎四出，經過了許多離奇的曲折變化，終於把這位青年音樂家追趕了囘來，一對有情人畢究成了眷屬！

在這本書裏，作者所指示於我們的人生，憑我個人的直覺所得，約有下列的幾點：

（一）青春是最可寶貴而又最易消逝的一個時期！ 我們應當緊抓着青春，牢握住青春，不要隨便的悠忽蹉跎的讓青春輕輕地過去，我們要做着青春時期應做的工作，享着青春時期應享的快樂；雖則青春在我們的緊抓與牢握之中依然要消逝，但終究在事後思量之中可以減却幾許懊惱，幾許惆悵， 與幾許悔恨！ 所以，當青年音樂家出了家門踏上大路以後，他說：『現在當着這美麗的春天，我又聽到鳥兒在樹上神氣十足地唱着，「農夫啊，保守着你的工作罷！」了。……我就是這樣大搖大擺，……我心裏實在有一種說不出的快樂。……這眞像是一個永遠的安息日，到我後來走到空曠的田野上的時候，我取出我的提琴，一面走路，一面彈，一面唱。』

（二）「人生貴及時」。所謂「及時」兩字的意義，就是不要等閒放棄「現在」。世人對於過去、現在、與未來三個時間，往往留戀追念於過去，憧憬希望於未來，而悵惘迷離於現在。你看，被一般人所認爲是飯桶的這位青年音樂家，在實際上，他却比任何人都聰明，他忘掉過去，不知未來，而祇努力把握牢現在。所以，當他看見那美麗女郎而心裏覺得愛她的時候，他便不想彼此身分的懸殊，不問將來能否有美滿的收穫，而祇知盡了他的力量以他所有的熱情向對方急切地追求。他說：『……祇有我沒有一處地方是合式的，好像我來到的時候總是太遲，這整個的世界簡直就像是沒有我的份！』祇有能重視「現在」的人，纔能感覺到「好像我來到的時候總是太遲」；因爲能感覺到「太遲」，纔能把握在眼前的「現在」，戰戰兢兢惟恐不及地珍貴利用。

（三）宇宙是最美麗的，牠能開拓我們的心胸而賜給我們無窮的愉快；大自然又是一本最豐富的書籍，牠能教給我們無盡的有用的智識；所以，在第二頁上，那音樂家唱着：『上帝要向誰特別垂恩，便教他認識這宇宙。他讓人認識他的神力，有山川林木與田疇。那些在家躲懶的人們，不領略朝露的可愛，他祇曉得小孩的搖籃，還有是家計與愁懷。』又在一一七頁，一位大學生向音樂家說：『讓別人在那裏反覆溫習他們的講義罷。我們要在這個時候研究我們大本的畫册，這本畫册是上帝給我們在郊外打了開來的！是的，你先生可以相信，正在我們身上才會教育成那種像樣的人物，懂得向那些農夫講述點什麼東西……。』

一件藝術作品的價值的高下，應以牠的解釋的力量的大小來估定。所謂解釋的力量就是作者能以觀念訴之於想像，使他所表現的事物足以喚起我們一種充分而親切的意識，以及我們對於事物的關係的意識。埃賢朶夫在這本小說中所表現的技術，在這一點上，可以說達到了十分成功與精練的境地。爲着限於篇幅，我要證實我對於埃氏的描寫的技巧決不是過分地稱讚，只好摘錄極短的一段在下面：

『……正坐在小船的邊沿，她用她的百合花輕蘸水面，同時含着靜默的微笑望着那清澈的波浪，因爲這樣她的全身肖像在水裏反映着的雲和樹的中間可以再看一次，活像是一個通過蔚藍的天界輕盈地過去的天使。』

那青年音樂家不敢輕薄地正視那高貴的女郎，而祇是頻頻地偷窺着她反映在水裏的影子的癡情熱戀，女郎的嬌羞可愛的神情，在這短短的幾句之中，由作者豐富的想像，表現得何等神妙而且精細！

全書描寫自然的地方很多，所以隨處都顯示着詩情畫意，而使我們閱讀的時候，時時感到精神愉快，心意滿足。的確，這實在不愧爲一本世界的名作！

書評

評『傲慢和偏見』的兩個譯本

顧獻樑

Jane Austen: "Pride And Prejudice"

『傲慢與偏見』 楊繽譯 吳宓校

（附『奧斯登評傳』）『世界文學名著』之一

商務印書館（上海）一九三五年六月

五三四頁 二冊 定價一元

『驕傲與偏見』 董仲篪譯 張穀若校

大學出版社（北平）一九三五年六月

三五五頁 一冊 定價八角

珍•奧斯登女士，乃是英國優秀的小說家。生平創作，殘稿書簡不計，總共六部，都是質量相差不遠的長篇：

『Sense And Sensibility』

『Pride And Prejudice』

『Mansfield Park』

『Emma』

『Northanger Abbey』

『Persuasion』

雖然全部都是秀優作品，『Pride And Prejudice』和『Emma』兩部最好，而『Emma』似乎比『Pride And Prejudice』更好。這裏評論的兩個都是『Pride And Prejudice』的譯本，去年六月同時出版。『楊譯』是中國完成最早的奧斯登譯作，因爲原書吳宓先生民國二十一年春序文說：『楊繽女士於四年前即譯完此書』，二十一年春的『四年前』，當一九二七八年間也。『董譯』，一九三三年開始。明年完成(自序聲稱)。兩個譯本製作時代前後雖然相差六年，竟不約而同時出版，眞太湊巧了：這無論在閱讀上，在比較上，都賞賜了愉快和方便，因此，對於兩個譯者都表示欽美感謝！

× × × × ×

細心比較閱讀之下，冒昧結論：

『楊譯』高出『董譯』多多！

『楊譯』，雖然也有可討論之處，大體上說，是一個相當成功的譯本。『董譯』，錯誤百出，譯者對于原文似乎還欠充分的瞭解；無論怎樣放低評論翻譯文學的標準，溫和評論翻譯文學的態度。董仲篪先生是一個拙劣的譯者，他的『驕傲與偏見』是一部過于大胆的譯本，『大胆』給我們讀者全盤的失望。

——這樣冒昧，似乎是不很客氣的結論。我謹以零•奧斯登的敬仰者，翻譯文學的愛護者，而誠懇地，負責地說出。兩個譯者和筆者都從未會面，我底評論完全根據校閱兩個譯文的辛苦的工作結果，因此，自信是客觀的，公平的。

× × × × ×

篇幅有限，不能詳細討論，祇能扼要提出，祇能簡略說述。

『楊譯』卷首是獻給我們的是吳宓教授簡短的『序』。吳宓先生便是『楊譯』的校閱者，校閱是『逐句』的。校稿艱苦，校對譯稿更苦，一則要看原文，二則要看譯文，眞是雙重的桎梏(！)何况又是『逐句校對』呢？這番苦心，我們必需表示敬意。

其次，『簡茵•奧斯登評傳。』『評傳』是這年頭兒流行的名詞，大方而不肉麻；不過楊鏡女士這篇論文，與其說是『評傳』倒還不如題名『奧斯登及其「傲慢與偏見」』來得確當些吧？全文先說英國小說的勃興和發展，寥寥數語，其次略述奧斯登在英國小說史的地位。再次叙述生平及其著作(『Emma』誤印『Earma』，即使錯誤在手民，也够嚴重的了。)最後分析『傲慢與偏見』。『評傳』，似乎太簡略了，太草率了，而且太偏重所謂『代表傑作』了吧？六部小說都很優美，不過『藹瑪姑娘』和『傲慢與偏見』最好，都是『代表傑作』，孰高孰低，議論紛紛，個人覺得『藹瑪姑娘』較比『傲慢與偏見』更形成功，所以不能同意楊女士『而尤以「傲慢與偏見」爲最著，一般推爲奧斯登的代表傑作，列於文學的不朽名著裏面』的一套話。大體上說，這篇論文是可讀的。

譯文完了，便是『後記』，譯者自述翻譯，校閱，付印經過。

譯文乃『世界文學名著』之一，分釘兩冊，似乎沒有必要，因爲五百三十四頁合釘一冊也未見得怎麼厚，怎麼笨重，怎麼不方便。『世界文學名著』許多都是分釘，既不能分售，又容易遺失散開，我都認爲無需分釘，希望編者考慮。

『董譯』卷首胡適先生題詞：其次，原作者肖像，據說這幀肖像是不怎麼靠得住的，可是即使靠不住，到也很有趣的：再次國立北京大學教授梁實秋先生『序』和『譯者序言』。譯者『隨便』說道：『奧斯丁女士的身世及其作品的價值已詳見於梁先生的序文，玆不贅』。『見』，確乎見了，『詳』，恐怕還差的遠呢。

× × × × ×

現在舉錄第六十一章第一節

『彭乃特太太把兩個最好的女兒嫁出去的那天，她那作母親的心裏眞正快樂。以後她去拜望賓格雷太太和談起達綏太太來的時候，她是多麼心滿意足的驕傲，那是猜得到的。爲着她的家庭，我很願意我能說這件事：因爲她嫁了幾個女兒，滿足了她的懇切心願，於是結果非常幸福的使她變成個明白和愛有常識的女人：可是她還是有時發神經病，且老是一成不變的蠢，這對于她丈夫也許是很幸運的，免得他享受這種異乎尋常的家庭幸福』。——『楊譯』

『背納特太太今日解脫了她的兩個女兒。身裏上（？）感覺愉快已極。她以後會因之而高興驕傲的訪背格果太太。談及達爾啥可以揣得了的。我願意說爲她的家人之故，她渴望的完成她很多孩子快樂的結局：使她成爲有知覺(以前沒有『知覺』嗎？)賢能快樂的好婦人；或許她的丈夫也幸運，有家庭之樂（剛巧『沒有』！）非復昔日之家庭形勢，克是她仍有神經病，不變的傻。』——『董譯』

第六十一章是全書最後的一章。譯書到了最後的一章，便是『九九第八十一難』，『功行完滿，就此回東土去罷！』翻譯是作者和譯者的『神交』，最後的一章便是最後一次的『神交』。到這個時候，譯者和作者依依戀戀，空氣緊張，情緒興奮；到這個時候，譯者最認識作者，最熟悉作者，作者對於譯者，也最親切，最可愛；所以，譯筆放發神彩也是這個時候吧？這裏我們可以比較這兩個譯者風格，技巧，或者藝術（翻譯是藝術之一），最後的消息。這裏，『楊譯』，除了幾個字的地位不很妥當，譯名可討論（見後）之外，幾乎是沒有什麼可指摘的；然而『董譯』卻不然，錯誤依舊那麼樣多，譯筆依舊那麼樣不流暢，不通順，我們讀者固然對於原作者的意思不能借光譯文而明白透澈正確，反而給錯亂了（我已經一再讀了原文的人如此印象，我實在不敢想像，未見原文的讀者們所得的印象更將怎樣不佳），恐怕譯者自己更不明白口齒極清楚的作者在說些什麼吧？

『楊譯』開場已經不壞，後來似乎更進步，因爲譯者慢慢的把握住作者了。『董譯』開場一場糊塗（已經被『校閱』過的，『指示』過的，該是前面的『數章』吧？），後來當然也有進步，不過沒有顯著的痕跡。

× × × × ×

『董譯』運用代名詞特別討好，連第二人稱都加以陰性和陽性的識別：『你』和『妳』，這個辦法，給予讀者更清楚的概念。自然很好；不過在開宗明義的第一章裏，這個辦法暴露了一個嚴重的錯誤（這樣的錯誤，我幾乎可以找到一把兩把）：

『「親愛的，妳要知道，郎太太說………」』（頁一）

這是太太跟先生說的話。『妳』非『你』不可了。『董譯』往往不能識別：誰是對話的說者或聽者。結果便迷迷糊糊了

同頁第五行：

『………背納特先生認爲它是有些人的正當產業或旁人們底女兒的』。

這是第一章第二節。我們還不知道『驕傲與偏見』這部書裏有箇『背納特』這樣一位『先生』，作者在第三節裏才介紹『背納特先生』，因此我

懷疑董君看看第三節翻譯第二節呢，或者竟是兩行一齊呢。這裏原文是：

『……that he is considered as the rightful property of some one or other of their daughtens.』

所以，『背納特先生』便是『他』，『他』便是欲來未來，引起紛紛的議論的，『背格萊先生』。『認爲』應該是『被認爲』。『他動』誤爲『自動』，便大錯了。可見董先生還沒把英語的 Active voice和Passive voice 這個基本的文法概念弄清楚。其次，我不明白『它』是指的什麼？不要以爲那是『正當產業』，所以就隨便把『它』來代啊！那是『一個富有 的單身漢』，非用『他』不行。『Someneor other』是一個成語，最好不要拆開，拆開語氣盡失；這裏的意思，就是不是『這個』千金小姐，便是『那個』黃花閨女，不是張家『三小姐』，便是李家『四姑娘』。『楊譯』：

『…………總把他看成他們的女兒們當中，不是這一個便是那一個應得的寶貝。』（頁二）

完全符合，『rightful property』譯成『寶貝』，很確切，比『董譯』的什麼『正當』不『正當』的『產業』高明太多。董君不但把成語拆開了，而且拆錯了；他把『正當產業』判決：或者屬於『有些人』，或者屬於『旁人們底兒女』：『有些人』便遺失了女兒，『旁人們』不但有了自已的女兒，而且也佔有了『有些人』的女兒，可是『有些人』雖然遺失了女兒，却繼承了女兒的『正當產業』，倒是有得有失，就怕本人不答應。『判決』的原因是譯者對於這一句沒有清楚無誤的『圖解』概念 (diagrammatic conception)，否則決不至于演出這樣可驚的錯誤。——翻譯本來是最吃力不討好的事，優秀的譯作家也不能沒有錯誤，不過『董譯』在一行裏面竟有這末些可以嚴重責難的錯誤，十四個字，只有四個站的住：那是兩個『of』一個『as』一個『the』，眞太說不過去了：

『大君節』（『Michaelmas』），『楊譯』：『麥克爾節』（頁二）附註『（按即九月二十九日）』，可以通過，不過不怎麼熟悉西方風俗的，或是不明白『聖經』故事的中國讀者已經多少渺茫了，所以『麥克爾』是什麼，似乎還應該註上些才好。而『董譯』：『米克爾馬』（頁二），更有誰懂？譯者自己懂嗎？如果沒有原文對照，我可以誤會一匹馬，一個人，絕不會想到是一個節，這好像把『Christmas』譯成『克利斯馬』一樣深奧。

『Is that his design in settling here?』

這句問話，兩個譯者都錯了；可是錯的不同：

『楊譯：』

『他打算長住在這裏嗎？』（頁三）

『董譯：』

『他計劃解決那件事嗎？』（頁二）

『楊譯』忽略了『that』這個字。『打算』便是打算『that』問句倒裝：『That is his design……』便清楚了，不是嗎？『that』順上文而來。就是找老婆的事啊，那個『富有的單身漢』原不是來找老婆的。這不過是太太被先生挖苦的話，所以底下，太太氣了。說『Nonsense』『董譯』忽略了『here』這個字，同時又誤解了『settling』的意義，他把它當作『解決』講了，其實是『定居』的意思(『定居』不一定『長住』，所以『楊譯』也不很確切)，『settling』的誤解逼迫譯者抹殺了『that』而且很自然的把『here』譯做『那件事』了。同是錯誤，『董譯』倍加嚴重。這句話應該譯成：

『他來住在這兒就是計劃那個嗎？』

『董譯』的錯誤，幾乎觸目皆是；這些錯誤，有時的確不能充分理解原文而『硬譯』，而『直譯』；有時卻是粗心：

『……或者你送她們自己去更好，因爲妳好像是她們中最漂亮的，背格果先生也許喜歡妳是這羣人中最好的。』（頁二）

『……or you may send them by themselves ……for as you are as handsome as any of them, Mr. Bingley might like you the best of the party』

這裏，『Send』不是『送』，而是『讓』，因爲太太自己並不去，所以說『送』，便是『硬譯』了，『by themselves』不是已經很明白告訴我們了嗎？『as……as』是英文裏很常見的一個『idiom』，相稱于兩頭的東西不能有高低之分，所以『最』字萬萬沒有抬出來的可能，這裏的意思原說：媽媽好像女兒中間任何一個那樣美，這是錯誤的『意譯』了。最後似牽涉譯者的國文問題：『喜歡妳是這羣人中最好的』，在『言』，『文』兩方面都是不通的，不通的來源是一個一個字的『直譯』（簡直『死譯』！）

應該譯成：

『…這末些人裏面，也許賓雷先生最喜歡你呢』。這些，『楊譯』都沒有什麼錯，不過把『這末些人裏面』的意思省略了，不省略恐怕更有力吧？

『富有』，『富有財產』，『有錢』，『有豐富財產』都可以說的，惟獨『頗有巨產』（『董譯』頁一）是不通的：『巨產』或有或無，不能『頗有』，『產』既『巨』，無需『頗』了，況且原文也沒有『頗』不『頗』的意思，清清楚楚的說『擁有巨產』（『of large fortune』）。

『compassion』譯『憫憐』已經够了，『哀憫』又加上『同情』（頁三），分量太重。『a matter of chance』譯『機會偶然』（頁二〇）我懷疑譯者在抄錄字典的漢譯吧？『偶然的機會』或者還說得過。『……One false Step involves her in endless ruin』既巧妙地運用『一失足成千古恨』（兩個譯者都是如此），『董譯』加倍討好：前面又頂着『步驟一假，壞無止境』（葉二五八）的高帽子，原是天衣無縫，如今到是累贅。——這些都是『董譯』的『畫蛇添足』的例子，『楊譯』裏面難得發現的。

脫漏，『楊譯』很少，可是第一章末尾脫漏了一句非常重要的對話，損失不少，這一句是：

『Depend upon it my dear, that when there are twenty,I will visit them allo.』

『放心，親愛的，要有二十個的話，我準去個個拜訪他們。』

這句應該排在第五頁第八行。這話結束全章，所以我說：『非常重要』；這話幽默瀟洒透頂，所以我說：『損失不少』。這個嚴重的脫漏的發生原因，據我推測，是當翻譯的時候，譯者譯完前面那句也有『twenty』，『will』，『visit』這幾個字的對話，再同去看原文，誤認這一句對話也已經譯好，于是便急急『彭乃特先生……』了。這樣的脫漏，翻譯往往遇到，所以很應該原諒的。

『董譯』的脫漏可以分做好幾類：有的是爲了感覺困難的緣故，不能傳達原文複雜的意思，結果潦潦草草，就支吾過去了，粗看似乎不覺得，仔也看便不然，所以那並不是字句的脫漏，而是意思的脫漏，好像：

『在這樣情形，一個婦人不美的。』(頁二)

如果我不參看原文，一定以爲那是這樣一句原句翻譯過來的吧：

『In such cases, a woman is not beautiful at all.』

然而不然，原句是：

『In such cases, a woman has not often much beauty to think of.』

兩個意思相差多少?!又如：

『Only think what an establishment it would be for one of them.』

譯成如此『乾脆』的句子：

『想想怎樣安排一個。』(頁三)

這裏不祇是脫漏了意思，而且誤會了吧?『楊譯』：

『……只想這對于她們中的一個是怎樣的一筆進欵。』(頁四)

譯的未見漂亮，但是已經正確無誤了。這種地方，兩個譯本天差地遠，永遠沒有比較的餘地。還可以舉一個小例子：爸爸最寵愛的女兒，他叫她『my little Lizzy』，應該譯成『我底阿李小姑娘』，較比可以表達神采吧?『楊譯』：『我(們)的小麗茲』(頁四)，忠實而已，亦頗呆板；而『董譯』：『我的李查女兒』(頁三)，我敢說：忠實既不够，神采更談不到了。第一章末句的下半句脫漏的使我們茫然：

『……就是她的慰藉佳音。』(頁四)

什麼『佳音』?簡直沒有主人。原文：

『……its solace was visiting and news.』

『楊譯』：

『……至於她生命中的慰安，就是拜望拜望人家，和聽聽新聞。』(頁五)

又是正確無誤，『董譯』，把『solace』打往下層，于是弄的沒頭沒腦，把『Visiting』取而代之，原主失踪，于是才和『news』打成一片，『明朗化』，『親善化』。有的脫漏連敷衍也不敷衍，壓根兒沒交代；有的是粗心的，無意的(這些或可原諒)，自然，筆者非常明白：脫漏往往是苦衷的表示。恕我無暇一一舉例(要舉當然順手取了就是)。

不過偶然『楊譯』倒反而不及『董譯』，如：

『……but you are always giving her the Preference.』

『楊譯』：

『……可是你會更喜歡她』。(頁四)

『董譯』：

『……但妳(噢，這又該是『你』，因爲是背納特先生，不是太太!——筆者)常偏偏寵愛她。』(頁三)

『偏偏寵愛』無論如何較比光禿禿的『喜歡』兩字更能達出『giving the preference』的意思吧?如果我譯的話，非這樣不可：

『……但是你老是捧她。』

關於『董譯』，似乎不應該多說什麼了，就此打住。

關於『楊譯』還有兩點可以討論：

第一，對話似乎還欠 colloquial. 誦讀的時候，有時還不能『活龍活現』~我底意思，要多多『標準語化』(『北平語化』)才好。『標準語』能够多多吸收奧斯登的成分的話。要更輕快些，玲瓏些，漂亮些，聰明些，美麗些了吧。

第二，是譯名的問題。

(甲) 楊繽女士原籍何處，能操若干方言，這些我都是無知的，不過据我猜測，她像既不能操『吳語』，也不能說『純粹』的『華北官話』。而大概一定能說『華南官話』的吧？我們祇要看她如何譯名：

(I) Netherfield	『雷』則爾場	『雷』國音 lei
(II) Grosvenor	格魯芬『羅』	『羅』國音 luo
(III) Lamton	『乃』木屯	『乃』國音 nai
(IV) Annesley	安『烈』斯『雷』	『烈』國音 lieh

這裏，非常遺憾，除了第四個『雷』以外，凡是應該譯『N』的，她都譯成『L』，凡是應該譯做『L』的，她都譯成『N』，因此，這幾個譯名是沒有一個站得住的了！應該設法補救。

(乙)幾個譯名似乎錯譯了音，原因是錯讀了原名的音：

(I) Bingley 應該譯成『賓雷』，『賓格雷』的『格』多餘了。

(II)Younge應該譯成『熊格』或『熊騏』，不能譯成『楊格』，『楊格』通常是Yonng的譯名，前者和後者的發音不同，這是英語的特點。

(III)Birmingham應該譯成『北明安』，『北明翰』的『翰』錯了。『h』這裏不發音。

(IV) 仝上Wikham譯成『魏克翰』，『翰』也應該改成『安』。

(丙)幾個譯名太好，非常賞識，確是用過一番心思的：

(I) Gracechurch譯『報恩寺』

(II) Meryton譯『麥兒屯』

(III) Jones譯『鍾』(姓)

(IV) Lucas Lodge譯『盧家莊』

× × × × × ×

『楊譯』的書名是『傲慢與偏見』。

『董譯』的書名是『驕傲與偏見』

原書的名字是Pride And Prejudice

——究竟『傲慢』呢？『驕傲』呢？自然有討論的必要。『Pride』照字面講，照小說的內容看來，都是『傲慢』——『自尊性』的意思。不過，到底『傲慢』和『驕傲』的分別何在呢？恕我借用黎庵先生的說法：

『中文裏把「驕」字和「傲」字連結在一起，實在不大妥當。「驕」

是自大，誇口，不自量力；「傲慢」却是知己知彼，胸有成算的一種持重態度。大概沒有學問的武人，容易驕橫，而傲慢却是有自尊性不屑俯就的人的美德。」（『說傲慢』）

——宇宙風第十九期葉三六七

于是我們再看奧斯登自己的說話：

『虛驕和傲慢原是滿不相同的事。雖然這兩個字總是當做一樣的意思用着。一個人可以傲慢而不虛驕。傲慢是我們自己對于自己的看法；而虛驕呢，那是讓旁人怎麼怎麼眼看我們的神氣。』（筆者本人譯文）

——『傲慢和偏見』第五章

我同意這兩個說法。所以我擁護『傲慢』而不同意『驕傲』這兩個字。

× × × × × ×

『董譯』自序說道：

『……張穀若先生校閱數章，……』

『校閱數章？』是那『數章』呢？我怎麼樣也不能發現，因爲，被『校閱』的『數章』和未被『校閱』的『數章』實在沒有什麼差別，實在是同樣的錯誤百出啊。我雖然懷疑張先生的『校閱數章』，我却不能隨便否認這個事實，因爲董君對於張先生還說『感謝不忘』的話呢。所以『董譯』的錯誤百出，張穀若先生應該負一半責任，至少那所謂已經被『校閱』的『數章』。

董仲篪先生最使我們遺憾的是對于自己過分的寬恕。他說：他底『遺漏錯誤』，因爲『苦衷』，所以『不免』，因此我們完全應該對他寬恕，如他自己寬恕一樣；他又說：『不過這可以俟諸再版時，重新修正，』所以我們不要着急的，如他自己不着急一樣。在我看來，『董譯』要『期成爲完善的譯品，』非全部重譯不可，決不是隨便修正就行的。

『楊譯』疏忽的場處也總要補救才好。

所以如此殷殷祈望，爲了『傲慢和偏見』是一部英國文學的『名著』，爲了是一個英國小說的『傑作』，而且已經被國內南北各大學採用爲『英國文學史』，『英國小說』，『十九世紀文學』，『小說概論』，『英國散文』各課程的重要參攷書，還有幾個大學採用爲『大學第一年』，『大學第二年』的英文讀本。

◇ ◇ ◇ ◇ ◇

最後，我希望淩叔華女士陳西瀅先生聽說正在從事的『傲慢和偏見的第三個譯本早日問世。

介紹「紅袍」中譯本

馬宗融

白利渦是個很値得注意與介紹到中國來的現代法國劇作家，而紅袍又是他的劇作中應該最先翻譯的一本。在提倡翻譯的最高潮時，我一個學科學而感到十分濃厚的文學趣味，且從事過戲劇運動的朋友許應佑先生，就被鼓動着把它譯成中文了，可是潮頭驟落，復把這部譯得相當忠實而良好的譯本滯住未能即時達到出版的目的。到了最近一個偶然的機會使我與商務印書館的編譯所長韋先生會面，承他告我以商務現正努力發展其出版事業，西洋文學名著的介紹，尤所注意，並囑我如有譯述可以交給商務，朋友的也不妨介紹。只要是好的他一定能使之得到出版機會。因而前日才去訪晤韋先生，向他推薦許先生的這部譯本，承他認爲這是一部可以接受出版的翻譯，於是私心頗以爲慰，又恰遇作家編輯孟先生曾促我作一書評，因而就拿這部還未進排字房的譯本校讀一遍，寫出一點讀後的意見和感想，預作一番介紹，想讀者必不至譏我過於性急罷。

可是在這批評便算是罵，揄揚便算是捧的年頭，動機是應該根究的，甚至我的朋友寫篇批評文章我都還得負點連帶責任，不止一人到我身上來捕取他們自己的醜惡形影，並且還替我造出了一個光榮的履歷，我聽朋友對我說後，平常暴躁而善於誇張地罵人的我，也感到他們卑劣到直惹不起我的氣來，那末現在是我自己要動手寫文章了，却不是罵這動機若不說明，便是等於擺出一塊耩來，一樣還是會兜得一羣蒼蠅嗡嗡的。所以不得不囉唆這一場，尙望不明此中情形的讀者和編者予以曲諒。

帶住，言歸正傳。

「渦任納・白利渦（Eugène Brieux）」，譯者在序文中給我們介紹說，「以一八五八年生於巴黎，爲法國近代社會問題劇作家中之翹楚，他終身從事於此項劇本之寫作，產量甚爲豐富，共不下三十餘種。」在關於社會問題略有發揮後，他又說：「白利渦雖然不澈底反對在問題劇中有關於愛情的描寫，但他却主張舞台不應該只爲丈夫妻子及愛人這三位一體的神靈所獨佔，他說戲劇是表現人生的藝術，而人生則完全爲兩種爭鬥所佔據：一種是爲種族之繁衍的利益而下意識地在奮鬥着，其在舞台上的表現則是情愛劇；另一種自是個人間的生存競爭，其表現則爲社會問題劇。

「在今日。社會問題劇之所以日趨重要是由於時代潮流的關係。……戲劇藝術也厭倦於描寫罷必得和撒特恩戰神和火神，安東尼和凱撒，路易十四和英國的安利納泰間的衝突，而掉轉了眼睛來看普通民衆的痛苦，他們間無休的爭鬥，他們間利益和情感的日益衝突，而在戲劇上造成了一個新的格調。委實今日的世界中之騷動較過去任何世紀爲激烈，社會現象之進化較任何時代爲迅速。這裏我們看到人剝削人的舉動，萬惡金錢的專制，由現代文明所產生的兇殘勢力。

「白利渦的劇本中，無容說是充滿着關於這方面的描寫。他曾大聲疾呼地說過：『戲劇除了愛情的故事而外，還有別的事情值得敍述。』白利渦一向就將戲劇看作是方法，而不是目的。他想藉着舞台來促進社會上不良制度之改善，而不僅以誘起人們的思慮或改良其習慣及動作爲已足……他生來就具着使徒樣的靈魂，他看到別人在受苦，便覺得自己非常難過。他在孩提時代，受了一些探險小說的影響，便夢想着去開化南美的紅種野蠻人。但是，這不過是表示他幼年時代的初步思想而已。他後來知道在非洲或是南美已經不復有野蠻人了，而反是在他的本國——這個號稱爲文明的法國中，却有許多變形的野蠻人，於是他便決計只向這些人說教了。

「白利渦在他的劇本全集中說，有人批評他劇本中的題材，僅是些老生常談，僅是將別人業已說過的話重複一遍，僅不過是將已經開了的門衝倒而已。可是他却以爲現在有大多數的人還相信這開了的門是閉着的；他就對這班人招示在走過的時候這門並不關着。他承認他的劇本中沒有什麼新的東西，不過他却以較易爲現代大家所瞭解的語言來將哲學家學者們所找出的眞理再現在他們的面前。因爲劇場觀衆通常是沒有翻閱這些高深艱奥的哲理書的習慣的，所以他乃選擇了戲劇——這個能伸入民衆中的武器爲他的代言者。

「這番話當然是作家的自謙，我們在看完了這個曾受到法國國家學院褒奬的紅袍，便可知道。」

以上我所抄的譯者的序文裏的話，很足以表出他對於劇作者及其作品的相當理解，其次我們就該說到本劇本的內容及我們讀後的一點感想了。

紅袍的故事是簡單的：一個久不得升遷的檢察長，就是他的妻女也終日惶愧，以他的升遷爲念，而這升遷的希望又建築在一個殺人案件的兇手的獲得與判罪上；可是他的檢察官無法發現眞兇，禁不得報紙的攻擊，就把案卷送還了他。恰好一個精練的法官摩松自願承乏，藉顯手段而圖進升，於是一個認爲和死者的存亡有利害關係的農人愛倰拜黑，就被捕問了。因逼本人供招不成，轉而以一宗十年前的舊案逼訊他的克盡婦職母道的妻子耶倫泰，却未得到預期的結果，祇不過因而把這妻子的深藏的秘密揭露於她的丈夫，以致在他們夫婦都從檢察長的良心一現的機會上得到了自由之時，她的人生幸福反被剝奪得罄盡。於是復仇的慾火把她燒得發了狂，一舉刃間那位方在得意的新庭長摩松就倒臥在血泊中了。

這故事雖則簡單，然而所包含的問題，所有的各人物的心理活動却是十分複雜的。人物性格也刻畫得分明。滑格雷夫人的好虛榮與熱中，以預製紅袍一事，點綴得更爲惹目，滑格雷雖忠厚老成，然也有未能免俗之處，亦藉此曲曲傳出。老年的拉·布猶羅是個經驗宏富，却以宅心仁厚而埋沒一生，懷着憤懣的人，其個性也很是顯然。因而在他口裏就揭穿了法官一個最大的毛病：熱中。他說：「是的，我青年的朋友。因爲不久我才療治了那個使得許多誠實人變成壞法官的毛病。這個毛病就是熱中於昇遷。看一下那邊的人們吧。假使他們沒有被這種細菌所傳染的時候，他們將是公平而溫和的人，不是嚴厲兇殘的法官了。」又說：「法國的法官制度不是可以用金錢來購買的，這點倒是眞情。在我們這四千法官中，或許竟找不出一個——你聽得嗎，沒有一個——卽使是在那些極低下和極窮苦的中間——尤其是在那些極低下和極窮苦的中間——會接受金錢而改變他的判決。這個，乃是我國司法界的光榮和獨佔，且讓我們來祝賀吧。可是其中有大部分的人都準備着妥協和投降，假使這是爲了討好有力的選舉者，或是議員，或是分配位置和特惠的閣員，普選乃是法官們的上帝和暴君……」

這一番話正道着摩松的毛病，而摩松這個人物也恰好是這一番話的註脚。至於法律，尤其是法律手續制度的不合理，也是由老法官口裏給與了一個深刻的批評。愛棱拜黑被捕後，他家中的工人一概跑掉，以致糧穀不能收藏，債務無法償付，他的老母兒女都被鄰人輕視，土豪欺侮，但他母親却極端相信法律不至判罰她的本是無罪的兒子，並也相信「法律應當禁止這種人家（土豪）加於他們的傷害」。於是引起下面一段拉·布猶羅與愛棱拜黑母親的對話：

拉·布猶羅　法律！……啊！太太……假使你能够不請教法律，這對於你是怎樣地好得多了啊！

母　那是爲了什麼呢？有着一個法律，而又是爲了大家的……那末，我來請求法官們去阻止他這樣吧。

拉·布猶羅　這不是像你所想像的這樣簡單，太太，你得首先去找一位法警。

母　好的。

拉·布猶羅　他將給你做一個證明書……他將證明你的水道的確是被汚了。

母　這也用不到驚動一位法警啊，先生，一個小孩子就會看得出來的。

拉·布猶羅　這是法律……以後你得到一個律師的家裏去做一個審斷……這還沒有完呢。假使克老特先生對這些事實提出異議，審判長就會指定一個專家來實地勘察並作一個報告。你還得書面請求審判長在短時間內指定以求迅速解決……你的事情一旦列入日程之中……還得一直等着輪流到牠的時候才再行審判。這就是說在假期之後……並且這還沒有完呢。克老特先生的律師也許會拒絕出席，那末你就得正式提出抗議。但克老特先生還可以反對，或是施用各種例外情形，而證實這些例外的確有效，並且使得法律必須先行判斷這些例外而後才進行正案……這一切都是要化許多錢的……（化錢的）自然是你了，克老特也得化。

母　他嗎，這對他到是沒什麼要緊的，他有錢；可是我們什麼都沒有了啊！

拉·布猶羅　那末你得請求免費訴訟……時間却要化得很多呢……

母　但是，先生，有人對我說，法國的法律一向是免費的……

拉·布猶羅　法律是免費的，只是達到法律的方法就不是免費的了。

母　這大約要多少時候？……

拉·布猶羅　假使克老特先生提出辯訴，這大約要二年吧……

母　這是不可能的！……！難道我反沒有道理嗎，先生？

拉·布猶羅　我可憐的太太，只有了道理還是不够的……應當抓住的是法律條文（第三幕第二場）。

至於摩松鞠訊愛棱拜黑及他的妻耶納泰時，眞可謂竭盡了作法官者的技巧，頗像小孩們作弄虫蟻東逼西斷，直令他們走頭無路，十分窘促。天眞的鄉人夫婦只顧躲閃，只顧迎合法官的意旨以圖速得自由，那知反轉加重了嫌疑。最後連愛棱黑拜自己也覺得「現在一切都沒有用了。我很覺得自已是完了。一切我所能够做的，一切我所能够說的都一些沒有用。我的每一句話都掉轉來攻擊我……檢察希望我是有罪的。在他，我應該是有罪的。」他知道他「和他反對是勢力不敵的。」他對付的方法只好是「讓他們願意怎樣就怎樣地處置我吧，我再不說一句話了……」

耶納泰一面被十年前的舊案威脅着，一面受着法官摩松的誘哄，幾乎作出搆陷並坐實她丈夫的罪名的事來。到和她丈夫對質明白其中的危險後，她才反供，她才忿怒到直罵法官道：「劊子手！懦夫！猶太！……沒有慈悲心！哼，沒有慈悲心……當你辦着像我們這樣窮人的案件時候，你更加是虛僞殘忍……」

這有什麼用處呢？把他們的支離矛盾的口供對照着庭長所誇讚的檢察長的得意的演說詞，「陪審員先生們，你們有着房屋田園財產，你們有着親愛的妻子和柔順的女兒……當心啊……當心啊，假使你們讓這樣的罪案不受到懲罰，當心啊，假使你們爲辯護方面的情感的言詞所迷惑；當心啊，我說，假使你們不能執行你們判決的責任，上天會拾起你們柔弱的手裏所掉下來的利刃，使之復落到你們以及你們的家屬身上，流出那你們沒有去復過仇的血啊！……」等等，幾乎不把陪裁員打動而加愛棱拜黑以死刑的判決了。這是要感謝這位還未至心如鐵石的檢察長的，只因他還是個受不住良心責備的人終於請求了展緩判決。

至於法官爲了鞫訊被告是否能溯及他既往的過犯，倘因此使被告受到了損害，責任何屬，也是一個重大問題。滑格雷說：「這是不盡情理的罪惡……一個人竟可以責備一個被告，不管他是有罪與否，以他在十年前做了的壞事，並且他是贖償了這個罪的。啊，先生，這是惹起反抗的，法律在懲罰了人之後，還不肯寬恕他。」耶納泰發問道：「……有一個人責備我以前的判罪……我的丈夫因之才奪去了我的孩子們。這個是一位法官。我能够使他被判有罪嗎？——不能」摩松答。「爲什麼？因爲他是法官嗎？——不，不是因爲這是法律。——這是法律！那末法律，就是狗屁！」

這問題的結論使得這絕望的受損害人忿怒到極點了，於是法官竟受到了法律以外的懲罰。

當然，這只是一種提示法律不近人情時的害處的，對於濫用職權，以圖倖進的人也是一種儆戒。況摩松自身也是犯着淫蕩罪者，却反以此獲到昇進。在這件事裏不特顯出司法界的黑暗，同時也透露了政治的齷齪。

（一九三六，十，八，於上海。）

哥德的『浮士德』

Johann Wolfgang von Goethe: *Faust*

——本書有周學普先生全譯本，由商務印書館出版，爲世界文學名著之一，定價一元二角——

陳　捷

浮士德爲戲劇形式之詩，題材範圍極廣，包含哲學，神學及政治，經濟等。哥德在一七七五年左右，卽已着手，至一八〇八年第一部發表，第二部於一八三二年完成、在死後才發表，前後經數十年之久，實德國文學之代表著作。全劇共兩部，茲將其情節，略述如次：

第一部　浮士德博士，學術湛深，凡哲學、法學、醫學、神學，無不極其奧蘊。然以爲此等學識，尚非開發自然神祕之鍵，曾幾何時，自身已成爲疲於生活之老人。自顧才力有限，而前途業已絕望，遂萌自殺之念。斯時惡魔梅非斯特乃乘隙誘之，願爲浮士德終身執役，以滿足其一切慾望，惟浮士德死後之靈魂，亦當爲彼服役。浮士德因欲體驗人生一切苦樂，遂允之。訂約後，惡魔攜浮士德至深山魔女處，魔女飲浮士德以藥，於是復化爲少年。其時身心輕健，步於市中，見一美女，名格萊卿，而神迷目眩。因謀之於惡魔，惡魔代施種種策略，終達目的。事爲格萊卿之兄所知，因於某夜佚浮士德與惡魔來時，將殺之；不料反被彼等所殺。格萊卿貪與戀人夜會，千方百計覓得安眠之藥以飲其母，其母飲之，遂不復起。格萊卿痛母與兄之因己而死也，遂成狂疾，時已生一子，乃溺斃其子，因是被繫於獄。浮士德與惡魔相商、竊入獄中，作越獄之謀；格萊卿不欲潛逃，而願受神之裁判。格萊卿禱於神，竟氣絕而死。惡魔曰：「彼已受裁判矣」，而空中忽有人言曰，「彼已得救矣。」

第二部　惡魔梅非斯特又攜浮士德至國王宮中。是時國王方憂財政困難，惡魔乃勸王濫發紙幣。國王一時驟富，遂生妄念，言欲得古今無比之美男巴里斯及美女海倫而見之。浮士德乃用惡魔所給之鍵，使得見古代巴里斯與海倫之形。王與在座之人，見其貌美，無不神爲之奪；而浮士德，尤極迷惑，竟思得海倫而妻之。然海倫實古代之人也，乃商於惡魔，乞攜往過去世界而求之，於是彼等遂逆向往古世界而行。據希臘之傳說，海倫本斯巴達王梅納拉斯之妃，天下無雙之美人也，而被特洛耶王子巴里斯所奪，遂起特洛耶戰爭。浮士德與惡魔前行時，特洛耶已陷落，海倫復爲本夫梅納拉斯所得。浮士德懇求惡魔，潛入王宮，騙海倫至浮士德處，於是得與海倫同居，而渡幸福之生活，並生一可愛之佳兒。此子因欲昇天，由巖角飛上，不幸失足而墮入千級之谷以死。此子死後，海倫不樂，將歸天上。浮士德不忍其去而抱之，不料抱持之間，手中只存其衣與面幕，而海倫已杳。浮士德驚異之間，其衣與面幕又化雲一團而飛，浮士德乃踏其雲以追海倫，而至高山之頂。浮士德由山頂下視，見遠方有廣大之陸地與海洋，浮士德此時大悟，知戀愛與歡樂之外，尚有偉大事業可爲，乃思塡海而從事於博愛的社會事業。其後浮士德遂致力於此種活動、終得塡海開山，而造成一大帝國。其時浮士德已第二次入於老境，住於壯麗之宮殿而自樂其事業。浮士德自從事社會活動，始了解人生之價值，乃悔賣魂之失計。某日當沈思之時，憂之神忽現於前曰：「一切人類，皆盲目以度一生者，汝亦當盲，」於是浮士德之目遂盲。不久浮士德死。浮士德最後之感慨，爲神所嘉，其魂遂得神救，天使一羣，自惡魔之手中，救出其魂，而偕歸天上去。

由此可知所謂人生者，實包含迷惑與罪惡，決非純正者；且常居於黑暗之中，人必由黑暗中力求光明，向之精進，方爲人生之正務，如是亦可以解除罪惡者，此卽哥德之人生觀也。浮士德卽所以表現其人生觀者。

——根據神田豐穗編春秋社思想大辭典改譯——

「我的家庭」讀後感

——Serghei Aksakoff 原著——李霽野譯——

商務印書館出版——定價七角——

王世瑄

俄國在大革命以前，境內人民的經濟勢力和社會習慣，是被支配於兩種不同的傳統觀念之下。那就是巴須克爾的大地主階級和哥薩克人的紳士。前者是握有經濟權，而忽略於禮貌和文學；後者是官吏的幕賓而專講究外表。十九世紀的中葉，這勢力和習慣還仍是不絕的存在。而我們看到十九世紀的俄國文學作品，其描寫的背景，也大半是取材於這兩種的觀念上面。我的家庭的作者塞爾該，阿克撒科夫(Serghei Aksakoff)的寫作，似也不能越出這個範圍。

塞爾該阿克撒科夫是十九世紀初葉的人，他雖然很喜歡寫文藝作品，但他的姓名却不被列入俄國一等作家的裏面，這個原因，當然是很複雜的，他不是多方面的作者，他的描寫手腕也不見得怎樣的高明，可是他的作品，在整個的靈魂上而言，則他應當是一個稀有的作家。他是和平的、良善的，正如他自己在我的家庭裏描寫他的父親亞歷克舍斯提盤尼奇的性情相似，『他是很仁慈、謙遜、溫存的』。因此他的作品看似平淡，而內在的意思是極其醇厚，很可以使人發生好感，引起興趣。塞該爾生於一七九一年九月二日，在他父親和母親的快樂中，在他祖父的熱望中，他誕生了。他的一生所過的生活，是很平安的，他做過公務員，但很不稱職；他幹過文學和演劇的活動，這是使他引起嗜好的工作。他尤其愛好自然，差不多終年在野外遊戲。

我的家庭在一八四六年中，發表於莫斯科雜誌(Moskousky Sbornik)，在一八五六年印成單行本。他另外的兩册著作，回憶錄和童年時代，所描寫的，都是他非常憧憬於過去的生活。

現在，我想把我的家庭作一個簡單的介紹。在作者著作這册書的時候，對於所寫的故事，全是從他的長輩談話之中聽得的。他把這書分爲五個斷片，敍述了三件重要的事情：

在第一斷片裏他把他的祖父的家業如何興旺的經過很巧妙的寫出來。他述說他家庭裏的人物，每個人不同的個性，活躍地跳在紙上。他的祖父是一個精明而有毅力的地主，他的祖母是一個柔弱而沒有主張的婦人。他的姑姑們是怎樣的譎詐而陰險。——這是一個故事。

在第二斷片裏是描寫他祖父的堂妹許配給一個外貌和平內心兇惡的退伍軍官其間經過的故事。他祖父是如何的愛他的堂妹，對於他堂妹的愛護可說是無微不至，當他堂妹的外祖母決定要把她嫁給這個僞善的軍官，而他祖父看出了這軍人的虛僞而反對他們結婚的時候，是怎樣的堅持。我們看：

『……這年青的軍官有些長處似乎是可以動斯提盤米海羅維奇(作者的祖父)的心的。但是我的祖父眼明心快，有一種完全誠實坦率的人們所特有的本性，對於甚至完全不相識的人的陰謀詭計，立刻也就可以覺出來——這本性在可稱讚的外表之下看出壞處，並且猜想牠將來的進展。科羅里耶索夫的恭敬態度與和氣的談吐一點也沒有騙住他：他卽刻猜出裏面的詭詐……』

『……「這個人是一隻惡漢，壞透了。」 斯提盤米海羅維奇對他家裏的人說：「不過他或許不會再到這裏來了。」 沒有人發言反駁他；但在他背後，婦女們繼續稱讚了這時髦的年青軍官好久。』

事情竟如他祖父所料。 在他堂妹嫁後不到幾時，她丈夫完全暴露了他的兇惡。 又把他的妻關在石室之中。 在這時候他家裏的人沒有一個人想得出拯救的辦法，但是，他的祖父却是：『他像瘋了的人一樣跳起來，衝到院子裏去，跑過全村，用發狂的聲音召集他的食客和工人。 …… 在很短的時間之內，就有精神飽滿的馬駕着三輛車子，裏面裝着十二個膽大力強的人，順着向巴拉西諾（他堂妹被囚的地方）去的路飛奔去了！』 這又是何等使人引起興奮的作爲。 在被救之後，他們看到這位年老人的慈愛，不禁使我們讀者也爲之流淚。

自第三斷片起至末了，那便是他父親和他母親結合的經過。 這一個故事中所描寫的更是賦細而動人。 他把他父親和他母親的性格，寫得非常的仔細。 他父親是大地主的獨生子，他母親是紳士的愛女，這其間顯然有一種隔膜，不但隔膜，而且在一般人看起來，誰也不配和誰結婚，因此，在財主方面的引起了不少人們的反對、阻止、纔言；在紳士方面的引起了無數的嘲笑、揶揄、驚奇。 然而，他父親的和平，他母親的警智，以一片純潔誠懇的愛情，打破了這種階級的觀念，甚至把他祖父堅持的主張也消滅了。 終於在衆人反對嘲笑中結了婚。

作者把二人的性情，全部的雕塑出來了。 他描寫他父親求婚的經過，自驚羨起，而至愛慕，輾轉思念，誠意的懇求：……一切心理的變化，完全使讀者感到切確而精滿。他母親對於這不同階級者的求婚是如何的考慮：在本書第一三二及一三三面他母親的話中，我們可以看出來了。

在他們結婚之後，回到他們的老家時，又是如何的使衆人驚奇而甚至憤怒。 惟有這位仁慈的老人，却是非常的厚待這位兒媳。 因爲老人已是明白了這年青的女人是怎樣的人。這種偉大的愛，使他的母親流着悅服的眼淚。

我們在一方面可以看出大地主的勢力和他的精神，但作者是努力地想把家庭間廣大的愛顯示出來，因此一個大地主的作爲，變成了廣大的愛澤了。 但是也就因爲要顯示眞實的愛心，便不惜把僞愛的人們的種種情形，無所憐惜的暴露着。

本書描寫家庭間的愛，有着各方面不同的現象。 他告訴我們的乃是：

一、他祖父以嚴肅公正的態度愛他所喜歡的人。 這是慈愛，人類中廣大的愛。

二、他父親和他母親以熱烈的心

情互相愛戀，這是男女間純潔的愛，可以戰勝一切的惡思想和惡環境。

三、這便是所謂「姑息」了，那是溺愛。　如他祖父的堂妹被他外祖母所溺愛，以致害了她的一生；他祖母愛她三個女兒，使家庭間引起了種種的不快。

四、最後，那便是僞愛。　一個退伍的軍官愛他祖父的堂妹，他母親的僕人愛他的主人。　結果，則暴露了他們獰猙的面目，因爲他們有着另一方面的企圖。

這些錯綜而多方面的愛，是我讀完了本書之後，覺到最大的優點和感動。　此外，描寫鄉野的景色，也是很輕鬆而柔美可愛的。

譯者李霽野君是根據 J. D. Duff 的英譯本轉譯，筆調很是流利。　據他序上說本書原名是家庭歷史，英譯本改爲："A Russian Gentleman"。

作者在本書中敍述到他母親生了一個男孩子時止。　這男孩子就是作者自己了。　原作稱家庭歷史似乎很恰當，譯爲"A Russian Gentleman"顯然有些不合本書的內容，而用我的家庭，似乎也有商榷的地方。　不過這是極小的一點。

「夏天」

Summer: dy Maxim GorKy,

譯　者：何素文

商務版：價值久角

書評者：王象堯

「夏天」是一部筆致輕鬆，充滿革命陰影的小說。

像許多別的作品一樣，高爾斯基的題材，大都是他青春的遭遇，見聞，熱烈悲壯的印象。依了他可驚具才能，較之幸運兒屠介湼夫更廣泛地，他將露西亞民族的整個沉着邁進的靈魂，從每一個角落裏，從每一個不幸的世界暴露在我們面前，給我們一些教訓振作。

自然，高爾斯基的拿手作品，還是那生氣勃勃的初期問世的短篇，如「等渡船」，「在筏上」，「我的伴夥」……等都是藝術極圓熟完美的。他的第二期作品產量迅速的龐多，這期間產生了大部的長篇與劇本。「夏天」正是他這時期中的一部，當我們一葉葉翻下去的時候，覺得這本書處理人物，襯染景色這些優越的手腕。作者向有獨到的地步，昇嚐夢批評高爾斯基做長篇小說，蕪雜而不經濟，這本書也許有些例外吧！

內容：是述他那時到鄉間去住，當革命前夜的高爾斯基，在農村裏去孕育革命的細胞，那兒也有幾個前進青年常和他在一堆來往，其實還沒有什麼實際活動，不過大家偷偷摸摸地組織讀書會研究些理論而已。

這幾個青年厰談的事，被可怕的——高爾斯基這些敍寫——守衛兵寓目了，於是就發生些謠風，其間新的人物不斷地參加了！熱狂地爭講着，計劃着，互相看些禁書，後來他們同志有些被捕了！在這筆數目里就有高爾斯基一個，故事緩緩地展開中，穿插厭棄黑暗的人物，他們集團裏，有「曾在夜間潛行到一個有丈夫的女人那里，於是掉進了那個男人安排好捕猥的網里，而左脚的脛骨折斷了」的老人，以及其他幾個自覺〇份子，交織着守衛的瘋狂的單戀與自殺，革命的悲劇的畫面，作者的人生是篇奮鬥的紀念碑，所以他筆下的人物，有些就是他的化身，雖然他在作品里常是沉默，而他激憤的口才已借他創造的人物談吐出來了！……生活被嚴重地束縛着，人不是可以更強有力起來的嗎？……總之，是因爲被用拳頭塞着嘴，被束縛着，連使自己的骨頭軟一下的時間都沒有，並且被命令去屈伏着連鼻子都觸着地面的原故。」

不論環境是怎樣阻撓，高爾斯基的視綫總是勇敢地凝視現實，透過層層的黑暗，去追求光明的火燄，他借了達綏庚的口說：「我們是這樣想，這樣確信着的，人們應該都是兄弟，人們應該將地上的事情全握在自己手里，爲着了這個，首先第一我們必須將他們自己結合着必須有秩序井然的組織……」

雖然高爾斯基後來，成了一員文化鬬士，在早年他的作品 Romatic 的氣氛是很濃重的，不過在他剛露頭角的當時，在他四周的文學界都泛着這種迷霧高爾斯基披上這種色彩自然毫不爲怪，可驚的是從他生活的大泥沼中掙扎起來，逃開了沙皇密密的文網與陷阱，在世界文學史上保留一則使人認爲奇蹟的記載。

有人常以高爾斯基過去的浪漫見責，但這有什麼關係哩！愛是人類向善的表現，一切愛戀都是人性自然的象徵。高爾斯基在他若干著作里，常坦白地描寫這些情形，他有一次替人看門，女主人說他和兩個女孩子的壞話，對於這誣賴地用鏟子打女主人屁股的節目都記在文字上。

在「夏天」里有棄愛的場面：

『……他用肩突了我一下』，

低聲地愛嬌地問道：

「不想和我接吻嗎？」

「呵！呵！」我說。

我身子顫震着了！

「那麼，你接吻也可以呀！」

一忽兒她被抱在我的膝上…………』

高爾斯基在描寫情慾是很含蓄的呵！

「夏天」是一部筆致輕鬆，充滿革命陰影的小說！是這般地結束着。

一九三七・一・於長沙。

法蘭西短篇小說集

欽文

商務印書館世界文學名著之一的法蘭西短篇小說集，是早就介紹了許多莫泊桑的作品的李青崖先生選譯的，收着由十六位作家著的十九篇小說，從浪漫主義以前的作品起，一直選到自然主義以後的，各項派別的色彩，差不多都具備；固然有着巴爾扎克，法朗士，左拉和莫泊桑諸家的傑作，也有是出於女作家之手的，內容可謂豐富。其中莫泊桑的小說最多，也最可研究，一起有四篇：騎馬，孀婦，野人老娘和首飾。

首飾也有人譯作項鍊，廚川白村很重視這一篇，在莫泊桑的作品中，同羊脂球和一段繩子，都可以認爲代表作。故事以一個小公務員的妻爲主角，因爲深夜跳舞以後丟失了件向人借來的首飾，賠償以後就負了一大筆債，於是辭退用人，自己燒茶煮飯，用粉嫩的手摸油鍋；她的丈夫也添上工作，晚上一直鈔寫到深更半夜，兩個人都節衣節食，鑿鑿的過了十年；辛苦了十年，才把這筆債還清。那裏知道，所丟失的首飾原是假的；賠償原由暗中進行，等到明白以後，兩夫婦的青春都將消失完了，使人嘆息感動。情節緊張，把小公務員的生活狀況，和婦女愛慕虛榮的心理，都寫得很生動；於無形中，也表現了法蘭西民族性的健康；這對青年夫婦，寧可勤儉辛苦，不肯模模糊糊的有負於人，是值得注意的。

野人老娘寫一個老婦人的報復行爲；因爲她的兒子在戰場上給德國人殺害了，她就用軟手段，先把因爲已佔據了她所住着的地方而住在她家的四個德國兵，騙到草屋的中間，使得醉熟，一把火燒掉房子，四個兵統統燒死。她並不逃跑；德國的軍官問她，『這場火是怎樣着的？』

『是我放的。』她高聲回對。

固然給兒子報復了一下，也在民族間有了激烈的表示；這至少，可以使人感悟，殺了人的兒子，做母親的是要拚命的。

騎馬寫一個老婦人，被人撞倒以後，抬到醫院裏，其實並沒有什麼受傷，可是老不肯走動；飯吃得很多，書也看得很不少，但如一碰着她的身子，馬上大聲叫起來；不消說，她是假裝病，因爲她的固有的生活，沒有像在醫院裏的好；這樣，撞壞她的人要多負擔醫藥費。從表面看起來，她好像很可惡。不過平心而論，在醫院裏，雖然有得吃，有得穿，也可以舒舒服服的睡覺，但總不能任意走動，生活安定的人誰願意到醫院裏去裝假病呢？這老婦人對於撞壞她的人素昧生平，並無什麼怨仇可言；因爲經濟制度多缺點，使得老婦人情願假扮病人老在醫院裏，由於心理的變態，是人類悲劇的一幕。這可以同魔鬼對照着看，那也爲着經濟制度的關係，母親病了，兒子仍然出外去做事情，叫得別人來看護，因爲兒子自己到外面去賺得的錢，可比給看護的人的多些。又因爲是包辦的，一直看到死，一起給多少錢；做看護的老婦人，怕得延長日子不合算，就假扮魔鬼，把病人活活的嚇死了。——魔鬼也是莫泊桑着的，可見他對於經濟制度的觀念了。

巴爾扎克的恐怖時代的一篇紀

載，固然是寫恐怖的；同在這册集子裏，蓋塞爾的兩個瘋子更來得可怕。這兩個瘋子原都是假裝的，只是因爲怕得紅衞隊和特派委員的看穿，故意關在暗室裏，你怕我，我怕你，互相猜忌很厲害，弄得都很苦惱。從這一篇，可見法蘭西人所受的赤色恐怖，也是夠厲害的了。

穆朗的兪先生，雖然不大自然，可是對於我國的古懂和習俗，都有着深長的研究，也表現得生動多趣。

郭季葉的近水樓台，也有許多我國情形的表現以外，還含有勸戒的意思：

『杜關兩個人因爲不能相容而在遠景上添了一道牆，結果對於那兩座美輪美奐的高樓，彼此的眼界裏各受了一層限制；但是在他們的觀念裏，却各自以爲這個辦法可以使對方吃些虧。』

「使對方吃些虧，」結果自己，吃着虧，事屬可笑可嘆，勇於內鬥的人看了，不知道會得怎樣感想。

莫洛瓦的一個名畫家的誕生，寫一個忠實的畫家，老是被人忽視；經過一番誇大的宣傳以後，當即身價百倍，有人來預定作品，成功「名畫家」了。言外之意，作品的好壞無關，出名與否，全在宣傳的手段如何。是諷刺的表現，雖然不能說是盡然，却也不是沒有道理的罷。

施我伯的藍國是富於理想的，因爲衣食住的條件都太差，不能滿意於現狀，只好希望另有個國度，是全然藍色，可以好好過活的。眞正完全藍色的地方未必有，不過新的社會，是個個小孩子都能夠好衣好食也住好房子的，遲早總得來到，現在總得理想起來；實現了這種理想，也就是等於到達藍國的了。

從左拉的鬧鬼的房子，足見輿論的不可以隨便相信：其實因爲死了孩子不願意留在老地方，出外去旅居；又因爲涉訟，房子一時賣不掉，旁人就多方猜想，或者說是謀殺，或者說是自殺，這樣見鬼，那樣見鬼，弄得像煞有價事；所謂「搗鬼，」於此可見一班。輿論本不足信，但給左拉寫來，形形色色，可讀可念，不愧爲大家之作。

最可注意的是都德的柯尼爾老爹的祕密，寫土工業給機器破壞的悲慘情形。所謂祕密，柯尼爾老爹的磨坊實在早就沒有工作可做，沒有人送麥子去；但他不肯對於機器麵粉廠表示屈服，仍然天天使得磨帆轉動，還趕着驢子到別處去，袋子裏面裝點石子，假扮運貨，顯得生意仍然很好。給人看穿以後，村中的人大爲感動，重行拏得麥子叫他去磨，還要把他擁到村子裏去，他是這樣說的，『不然不然，孩子們，我應當首先拏點兒東西給我的磨子吃。……想想罷！牠多久多久嘴裏沒有擱過一點什麼了！』

這樣忠於職務，眞是可歌可泣的；目前在我國的農村的破落中，不無像柯尼爾老爹的農夫，只是不曾使人注意罷！

辛克來的「文丐」

欽文

繆一凡譯——商務印書館出版
——定價五角

美國的辛克來，凡是讀過他的拜金藝術，和煤油大王等名著的人，都知道這位作家，是懷着龐大的天才，用過長時間的克苦功夫，能夠替貧苦無告的大衆說話的。文丐也是他的傑作，是個四幕的劇本。在這上面，只是作法，也有着許多特創的地方。舞台裏始終分兩場，正劇和插劇，由一層透明的紗幕隔開；前面演正劇，後面演插劇。像這樣把舞台分爲幾個場面的，以前我只在愛羅先珂的桃色的雲上見過。但那分作上中下的三層，很難照樣的演出，不如這劇本的只要掛上一張紗幕就行的便當。

平常編劇本，總比寫少說要難些，因爲地方和時間都受着限制；在一幕裏面，只能表現在同一地方同一時間發生的事情。雖然近代的小說，也很注重斷片的描寫；可是隨時可以用補序的方法，藉着報告事由，說明原因等方式，帶便寫上在別的時間別的地方發生的事情。在劇本上，作者不能直接表示意見，要提到由於別時別地的事情，只好借口發言，由人物的對話中講出，是間接的，不容易使人了解；如果沈長，觀衆難免厭倦。用插劇表現，直接感受，觀衆容易得到深刻的印象，作者也可以少受時地的限制，和小說中的補序同樣便當，效果且更來得強大。這種作法，實在是把小說和劇本的界限打通的了。

在插劇中，固然可以表明過去的事情，也可以描寫種種理想。層次分明，頭緒清楚，讀這種劇本，同讀一般的小說，是一樣容易領會的。

故事以一個青年爲主角；因爲賭氣，到各地方去漂泊，藉此展開許多下層生活的情形。沒有資本，做不得買賣；乏人推薦，找不到普通的工作，迫於生計，只好賣文度日，這就做了「文丐」。

以主角的編劇本爲「綫索」，由插劇中表明的各項情節，可謂「戲中之戲」。開頭第一幕，就從小孩子的嘴巴裏反映出來困苦生活的狀況；「靠著作謀生，不如找個拏薪水的事情好」。剛要拏起筆來寫，討房錢的人來到，只好對付一下；想好好的推敲一番，門外窗口，就有人吵鬧起來；勉強把小孩子使到外面去，又有警察來干涉。這種作家的窘狀，可以同彷徨中的幸福的家庭相對照。好容易寫了成功，還得擔心「退稿」。

作者固然熟悉舞台情形，佈局也很得法。借着由演員出身的妻的嘴巴，來說明一般觀衆的心理；處處含着諷刺，却是很生動的。在第一幕上，她說，『講到觀衆，你曉得什麼？悲哀和熱情，你以爲那羣人每天晚上擁到百老匯路是來尋求悲哀和熱情的麼？他們是要看穿着最時式的巴黎新裝的女人——或者一點衣裳也不穿的！他們要看穿夜禮服的男人，喝着上等的酒，吸着最貴的雪茄煙，離開王宮似的家，坐着汽車滿處跑』。（繆一凡譯，商務印書館出版。）爲着迎合觀衆，她又主張一定要有戀愛的故事，愛人多多益善；這是代表着貪圖逸樂的有閒階級的意見的。

可是作者在這劇本上面表現着的，終究側重在貧苦大衆的一方面。雖然插劇中的主角賈克在遭受了管家的拒絕以後，說了這樣的話，『唉！眞是冷冰冰的社會！』 但在貧苦人同貧苦人之間，實在有着熱烈的同情；女招待的佩安，正當貧病交迫中，本是自顧不暇的，因爲賈克將要給警察抓去，却肯代付飯錢。

賈克爲着救佩安，在過着下層生活的時候，情願放棄許多遺產。 他說，『我不能因了我的過失而使這位姑娘受累。 我只得放棄我那二十五萬，來救她的性命。』 他要這樣犧牲，爲的是這位姑娘的得病，由於工作太苦，每天要站十四個鐘頭，所得到的報酬又是很少的。 他又說，『我已經把她帶了出來，但是還有多多少少我都丟在後面呢！ 有千千萬萬的人都落在那火坑裏呢！』 都得勇敢，做得認眞，作者在這裏，是寓意深遠的罷。

正劇中的主角，著作家威侯，是這樣說着的，『我當然不能使這個戲劇圓滿的結束啊！』 因爲『眞理的法律阻止我』。

不肯違反眞理，可謂難得的『文丐』；這個劇本，實在是富於「表現」的意義的。

威侯對着他的妻說，『我寫好一本戲劇，你倒叫我再寫一本。 等我拏給經理去看的時候，他又要我寫第三本。 他老婆看了，我又要寫第四本——還有舞台監督——他也許還有老婆！』

『還有男主角，女主角；』他的妻應和，『還有報館主筆和資本家，還有許多報紙上戲劇評論的撰稿員。』

『戲劇是最難賣的東西，一千一萬次中怕沒有一點機會呀！』 這些話也是由演員出身的威侯太太說出來的，可見做文丐的不容易。

在這劇本裏面，也寫着許多值得注意的社會問題：只是爲着三角五分的錢，就要叫警察把一個青年抓到牢監裏去；而且這個青年，並非無知無識，原是受過相當教育，從有二十五萬遺產的家庭出來的。 爲着幫助做着女招待的妹子，只好自己去賣身。連小孩子的生活，也得靠自己去張羅，弄得無家可歸。

「唉！ 我以爲我有了家了！ 現在我倒又出來了！」

這是小蠹三碧兒說的話。 而且他，也是努力工作的，「號外！ 號外！ 日報！ 夜報！ 快報！」

除開少數的陪襯，在這劇本的各幕中的人物，實在是「饑餓的一羣」。 爲着希望編好了的劇本能夠賣錢，著作家的妻是這樣迫切呼號的：『我希望他們歡迎！ 我會勒住他們的喉嚨，直等到他們答應歡迎！我也會雙膝跪下來哀求他們歡迎！』

同時，這個劇本，還含有着個強大的暗示，也很值得注意，就是，窮人能夠了解窮人，因爲同樣受着饑寒交迫的苦楚，所以窮人之間，會有熱烈的同情。

一個逃兵

（讀書隨筆）　欽文

劉叔揚譯　一個逃兵（原價四角）
現改三角八分

中　暇譯　英雄與美人（原價五角）
現改四角六分

一個逃兵是蕭伯納氏著的三幕劇本；只是由商務印書館出版的，已有劉叔揚君譯的和中暇君譯的兩種單行本；雖然中暇君譯的叫做英雄與美人，可是，所根據的原文相同；足見這個劇本，爲多數人所注意，是值得研究的了。

劇情：第一幕重在一個逃兵和一位小姐的對話；爲着未婚夫正在前方指揮部隊作戰，熱心於軍情，明知道將要發生巷戰，故意不把窗門關好，就爬進來了個逃兵。因爲這個男子長於言詞，雖然本來是仇敵，却受着小姐的多方保護，呼呼的在她的閨房裏睡熟了。

第二幕敍小姐的未婚夫和父親兩個軍官的凱旋；穿插着一對男女僕人的情話，和少年軍官偷偷向青年女僕表演的放浪行爲；從大氅的送還，表明在閨房裏躲藏過的逃兵，原是個能幹的將軍，由此展開場面，劇情緊張起來。

第三幕寫勝利軍官的處置部隊，全數由敗將代爲辦理，仍然用大氅做線索，拆穿小姐看中逃兵在暗中示愛等情事；帶便寫出慣爲奴僕的惟利是圖，和女僕的因慕虛榮而愛軍官。大家迷惑於富有，終於，矯情的小姐，願意嫁給臨陣逃避的敗將了。

蕭伯納氏是有名的『幽默大師』，這位英國的大文豪，固然是早就以善編劇本見稱於世了的。不過一個逃兵，與其說是幽默的表現，不如說是諷刺的傑作；因爲在這劇本上，並非只是多方的詼諧，實在也含有精深的哲理，探討着人生的重要問題，同時暴露着有種無聊軍人的醜態的。

所謂逃兵，勃朗智利，固然可算能幹的將軍。

『小姐，願終生做你的奴隸報你的恩。保加利亞有您這樣好人，我眞是後悔當初不應投軍在賽爾維亞的軍隊裏，應入保加利亞的隊伍才是。』（商務版劉譯本；下列引語同。）一經接近，他就說起這種話來，眞是「英雄美人」之談。對於軍事，他在第一幕這樣說：

『打仗帶子彈幹麼？我帶的是朱古律，剛才我把那臟的一顆也嚼了。……不錯，大兵分兩種，一是老手一是新手。我當過十四年的差；你們那些夥伴有一半是從未聞過火藥味兒的。這回你們不是打贏了麼？不錯，就是因爲他們胡鬧才打贏了的，我從來沒有見過打仗像他們外行的。』

麗那小姐問，『他們不恨你嗎，你從遜傑的衝鋒逃跑了？』

他是這樣回對的，『不，他們倒是喜歡，因爲他們自己都也逃跑了。』

在第三幕上，他又這樣說，『我是一個大兵。大兵最司空見慣也最不留意的兩樣事情是什麽？一樣是聽着人家說謊話，還有一樣是用各種各樣的方法逃命和被各種各樣的人救了他的命。』

因爲這種情形，麗那小姐把他叫做「朱古律糖軍官」，眞是自然而很相宜的。從這一個「逃兵」的身上，固然代表着有種無聊軍人的許多個方面；又有少年軍官遜傑的陪襯，他在第二幕上這樣說，『不再當兵了。當兵這玩藝兒，太太，是弱者幹的惡作劇。他們趁着自己勢強的時候給人家一個攻擊，一點也不憐憫，趕上自己勢弱的時候呢，就自己躲開些。』

老軍官比可夫大佐，在回答他的妻的話裏面，也有這樣的一段：『那不是須要很久的時間不得和你見面麽！我很想念你呢。』

他的確是趕先結束戰事，快快回家的。

同時在旁面，處處都表現着這種軍人的無聊情形：譬如圖書館，時刻說在嘴上，以爲是了不得的，其實呢，『這圖書館不像個圖書館。關於文學的書籍只有一個壁橱裏放了一些裹着舊書皮紙的小說，有書背破損了的，有叫咖啡染汚了的，有印上拇指痕的；還有兩個小書架上放幾本贈送的書籍，其餘牆上的空地便給一些戰利品和打獵俘獲物佔了位置。』

總之作者蕭伯納氏，在這個劇本上，對於某

種軍人，用意所在，要整個的暴露其劣跡，也可以說，對於軍事問題，要根本加以探討，原文的題目是 Arms And The Man，範圍本是很大的。只是手段用得圓滑，幽幽默默，有點隱隱約約能了。

不消說，這樣的作法是玩弄的；這位幽默大師委實慣於玩弄人物；不過這裏有着問題，雖然在民族的保衛上，在抗禦強橫的侵略者的暴行上，都不能沒有軍隊，不能不提倡戰爭；但爲全世界整個的人類着想，一經戰爭有勝必有敗，總是犧牲的：多一次戰事，人類就得多吃一場苦頭：在這種場合，措詞實在很不容易，幽而默之，原是不得已的能。否則憑心大言直說，也許根本不能出版，無從同讀者觀衆發生關係了。這樣，雖然罩着一層油幕，總巳提出了問題，可以使人有所驚覺了罷。

通常的劇本，總要到了中段才緊張起來，開始第一幕，大概是平淡的；一個逃兵，由於幽默手段的活用，第一幕就能使人興奮，是始終緊張的。麗那小姐送朱古律糖軍官照相，是親筆簽着字的，直到第三幕，將要終了，才從談話補敍出來；暗中放在大氅的袋子裹，等到說明，大氅巳經穿在麗那小姐父親的身上，這使得麗那小姐着急的事情，增進了不少劇情的緊張。好容易從衣袋裏暗暗取了出來，那知道父親巳經發見，『麗那，給她的朱古律糖的軍官：一個紀念；』說是『要調查調查』，更其弄得緊張。反覆的憑空添了許多波折，眞不愧爲出於老手的精練之作。

在這劇本上面還有着好些譏諷的句子，都是很耐味的；譬如勃朗智利所說，『這是什麼國家，櫻桃樹會得變成大砲，官長得請太太幫他維持軍紀！』

遜傑問他，『我再不和你決鬥了，你知道是什麼緣故嗎？』

他回答，『不知道：不管牠罷了。我當時就沒有問你有什麼理由要和我決鬥，現在更不問你有什麼理由不和我決鬥。我是專門幹當兵營生的；當我非打不可的時候我就打，可是不必打的時候，我也樂意息事寧人。』

又可憐，又可笑，說盡了無聊軍人的本來面目。

女僕洛洛，因爲男僕尼古拉拏着十塊錢的額外下賞去獻慇懃，說『三十元賣了你自己的人格，拏十元來買我！放好你的錢吧。你是天生來就是奴隸，我可不是的。』

尼古拉却這樣回答，『哼，你看着吧。將來我們晚上總會是我們自己的。在我自己的家裏，我總是老爺。』

這種奴隸哲學說起來，固然可笑，也可憐，實由於變態的環境所養成；這樣提示一下，並非沒有意思；也可見作者觀察力強，體味得深刻。

（轉載華年週刊）

西班牙短篇小說集

欽文

在馬德里於無形中做着國際戰場的現在，西班牙的文學是值得注意的。剛由商務印書館出版的西班牙短篇小說集，是由戴望舒先生譯成中文的，搜集着十二位作家著的小說，合計十六篇。

從報紙的紀載，可知西班牙叛軍的作戰，是有許多德國和意國的軍隊在暗中參加的，可是政府軍，再接再厲，仍在積極的抵抗。西班牙人能夠這樣勇敢的爲着主義奮鬥，在這短篇小說上面，雖然並沒有直接明白的解釋，可是有着原因可以查考，這是西班牙人實在是富於熱情的；有着熱烈的情感，認定目標以後，才會得勇敢有爲，百折不回的前進。讀了這些短篇小說，我總覺得，西班牙人眞是猛烈的呀！

在這集子裏，第一篇加巴立羅的麗花公主並非全集的代表作；作品前後的次序，原是照着著者的生的年代編定的。不過這篇童話型的作品，着實來得精練；雖然處處勸人爲善，很是教訓式的，却並不使人覺得討厭，寫得很自然；在技巧上，前前後後的呼應和預先在暗中寫下的伏筆，都很仔細周到，也是曲曲折折很富情趣的。

第二篇阿拉爾公的長婦人，寫主角德勒斯福羅，每次遭受災難，死父親死愛人的時候，總是先在深夜的街上見到個長婦人的，包着一塊小頭巾，拏着一把小扇子，樣子非常可怕，是富於恐怖色彩的。『她是誰？她是什麼？』原文中只有疑問。『請說出你們的理論來吧！把你們對於這些奇怪的事情的事情的意見告訴我吧。你們可還以爲這是很合理的事情嗎？』臨末作者這樣寫着。這件事情究竟怎麼樣，只好讓讀者看了以後自己去斷定。

倍克爾的風琴手馬愛賽・貝雷思，和伊巴涅思的提莫尼，對於音樂，都有深刻的描寫。提莫尼一向只是專心一意的吹風笛的；吹風笛以外，有酒便喝，醉後睡覺，到處會得躺下，混在乞丐的隊伍裏。可是人家有了喜慶宴會的時候，總要來找他，因爲他的風笛是非常動人的。因爲他的女人死了，雖然原是爲一般人所看不起的醉女，他却從此不再去赴喜慶的宴會了，只在他的亡妻的坟墓上吹風笛；不消說，這是個純粹的大藝術家的態度。風琴手的馬愛賽・貝雷思，他是這樣的忠誠於他的職而爲羣衆所喜歡；固然一直演奏到氣絕，他是死在風琴上面的；他一死，羣衆就不願意再聽別人演奏的風琴聲。但他死後，由他用過的破舊不堪的風琴，還是能夠發出非常美妙的樂聲來，好像是他的靈魂仍然在那風琴上面彈奏；這不是迷信之談，却是透切的描寫。

啊左林的沙里奧，寫沙里奧本來有着三位要好的美妙的女朋友，不幸第一位嫁給別人，第二位也嫁別人；其中最美妙的一位，而且死了，非常的感傷，也很動人。

烏納木諾的沉默的窟，寫大樹林中的一個洞，時常有優美的歌聲出來；活的人進去，就永遠不囘出來；聲音響了以後，激動許多人，先先後後的進去，一個也沒有轉來的。照字面上看好像有點神祕，其實是個不滿意於現狀的表現；這同顯克微支的二草原和陶淵明的桃花源記，都有幾分相像的地方。

達里歐的貨箱是個悲劇，碼頭工人路加思因爲搬運桶子壓壞了腳，因爲沒有買藥的錢，叫他的兒子去做工；不料起重機上的活結忽然滑脫，重重的貨箱從空中掉下來，把那青年活活的壓死了。

阿爾代留思的寒夜也很悲慘；一對農家的夫婦，半夜裏談話起來，愁悶不堪，因爲天氣太冷，怕得凍壞杏子樹，還不出租錢；飲食不足，孩子是病着的，把油拌灰吃得滋滋有味，好像是一般少爺小姐的吃朱古律糖。

『你不願意讓他們餓死，我也不願意他們餓死；可是他却願意，他甚至不把這當作一囘事。』

這裏的「他們」是指小孩子，「他」是田主。

『如果這孩子不活過來，那麼我就要拏起我的摺刀，不管三七廿一，把凡是我在路上碰到的人的喉嚨全割斷。』

從這些話，可見爲窮困所迫的憤恨了。

阿拉思的永別了科爾德拉，也是描寫農家的窮苦悲慘情形的；一隻耕牛，本是家中的一分子，更其是小孩子的伴侶；因爲家中破產，只好眼巴巴看着做了多年伴侶的耕牛讓火車載去，而且明明知道，是去活活的殺死的。

阿拉爾麼的存根簿也是描寫農家的生活情形的，蒲斯加倍阿達思，對於他所種出來的南瓜，好像是一羣親生的女兒，個個都認得很清楚，而且都有名稱。給人偷去了，趕到市場上去，固然也認得他的南瓜，而且能夠證明，的確是他的所有物，用着固有的南瓜柄去湊合，一點不差，猶如存根簿上的票根。

阿左林的一個農人的生活，寫農人的做得勤勞，却得不到應有的物質享受，言外之意，是很抱不平的。

以前對於西班牙，最容易聯想到的總是鬥牛；近來，一提到西班牙，總就要想到馬德里的猛烈的戰爭；讀了這短篇小說集，可見西班牙還有着嚴重的問題，就是農村中，已經是失却重心的了。

阿耶拉的黎蒙蒙的沒落，寫一個青年的給絞死，爲着殺死了他所愛着的女子。當初他不敢正式向她去求愛，因爲『一想到她或許會不愛我，我的血就凝結了起來。』終於他去強奸了她，而且殺死。他本是富家的公子，他的父親曾經這樣說過，『權力之所以比財產更値錢者，就因爲財產不能常常有權力，而有權力的人，如果他希望財產而以財產爲目的，那麼他得到財產是不難的。』他的能夠在學校裏做特別生，也是全靠他的父親的。到他絞死以後，輿論中有着這樣的話，『這正就是所謂自作孽不可活。』 這樣的父親，這樣的兒子，寓意是很深遠的。

烏納木諾的十足的男子，在這集子裏是最長的一篇；在文學上，也是很可注意的一篇。 女主角鳩利，一心想找到個眞正的愛，『他眞愛我麼？』 她時刻這樣自問着；是很有點像茶花女裏的馬格利脫的。 等到認爲對了的時候，她就這樣說，『你要怎樣用我就怎樣用我吧。』 男主角亞歷山大，是從美國弄到了財富的。 她很從容；『使我生存的是實際，不是面子。』 他把鳩利弄到手上，委實是靠實實在在的力量的。所謂十足的男子，含着眞丈夫的意義。 可是到了鳩利將要死的時候，他就輭化起來，對着她說，『我同你一齊死！』 臨末鳩利問他，『現在你肯告訴我你是誰嗎？』 他是這樣囘答的，『我嗎？不過是一個人罷了——然而是屬於你的；一個你造成的人。』 終於在鳩利斷氣之後，浸在從他自己身上流出來的血液裏。

一個崇尙實利，善用手段的男子，終於終女性的情和美輭化掉，在純文藝上，可以說是到了高超的境地的。 但從另一方面說，這是理知屈服於情感了的，已爲新的文藝所不取。

伍譯印度短篇小說集

欽文

星期標準書　定價四角　特價二角八分

商務出版伍蠡甫先生譯的印度短篇小說集搜羅着十則寓言和四篇小說。雖然數量並不怎麼多，卻包括了各方面的代表作；由此不難想見印度文化的一班了。內容自然的分着兩項，寓言和小說；前者是古代的，後者是現在的。

『對於不以之抵抗仇敵的人，力量有什麼用呢？』

在第一則牡牛獅子和兩胡猻的寓言上，就有着這樣的話。在第十則鷗鳩和海洋的寓言中也這樣寫着，『當不戰得不到什麼幸福時，聰明人就與敵人相鬬而死。』

『受了過分的挑撥的，誰不會發怒呢？』

由此可見，印度人是一向主張抵抗的。聖雄甘地的「非武力反抗」主義，雖然採用的手段是「非武力」的，但他是反抗方法的一種！這和拱手送脫國土的「不抵抗」主義固然大不相同，比托爾斯太的「無抵抗」主義也要積極而強得多。

印度思想有着許多特殊的地方，看不起女性是其中一項；對於女人，甚而至於憎惡，在這短短的十則寓言中，也有着好些表現：

『惡神們所熟讀的每本知識書，婦女們都生來就知道了。』

『女人的說話中含着蜜，可是她的心中只有毒。』

又把「崇拜女人」列在變爲偉大的六種障害之一。

不過有些句子，當時作爲憎惡的表示，現在卻也可以當作「戀愛是神聖的」看待了，如這一段『婦女會輕易地遺棄了一個可敬可愛良善慇懃有錢慷慨具有各種美德的丈夫，而私奔到一個毫無才能德行的窮光蛋那裏去！』

印度寓言是富於哲理的：

『高位能使神志不淸。』這正暗合着我國老子所說的「利令知昏。」

『樹木因果實太多而折斷。』

『燈被發明於黑暗臨近的時候，扇子被發明於風力不足的時候。』

『檀香樹上有毒蛇，荷花池裏有鱷魚。』這也同我國「有利必有弊」的話相合。

這種見解，固是富於觀察力的經驗談，很耐味，也實在是含着眞理的。一想到這些還是三千多年以前的產物，不能不承認印度是個文化的古國。

四篇小說中有三篇都有太戈爾的作品，只有求婦是出於一位女作家之手的。這一篇以小叔的結婚做『線索，』由探看新娘子展開，藉以表明印度的婚俗。首先說明，她自己出嫁的時候不過十二歲，這固然是熱帶地方的特殊情形，也就是使得一般印度民衆衰弱的原因罷。可是關於婚姻的陋俗正多：要門第相當，只要做着官，卽使實在是個賣國賊，是走狗，也就算作高尙的貴族；否則無論怎樣美麗，怎樣聰明能幹，不是貴族，就不與爲伍。又要八字合得來，又要宗教相同，還要美貌。這樣也不合意，那樣也不合意，雖然「求夫」者多，還是很不容易挑選成功。

因爲寫得細緻，讀了以後，我就想着，印度人弄得亡國，思想不解放，實在是個很大的厚因。固執於不合理的信條，也就相信着宿命論。

『這並不是說，經過了這樣的考慮和謹愼，印度教度之中就不會有怨偶，可是如果有怨偶，我們繳幸是一個相信定命論的民族，對於不可避免的事一向能夠默然忍受。』

這樣的話，言外之意，實在是很沈痛的。不過形式上用自傳體，老實的讀者以爲是私人事實的紀載不免誤會罷了。

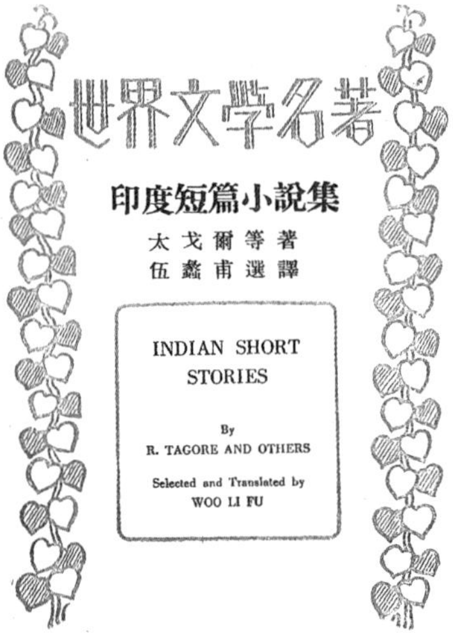

思想不解放，故步自封，亡了國還是不能徹底的改革，所以雖然反抗卻是非武力的，如今不見強大的效果。

太戈爾有着森林哲學家的稱呼，他實在是善於描寫自然的；這在本集所收的新夫婿的見面上也可以看到個大概。

「一朵鮮花生在枝上，是比插在金花瓶裏更可愛。」

「從那些齊齊富的柔嫩枝葉下透出駁雜的陽光和陰影，玩弄少女的圍裙。隔不多遠，一條牛在嚼反芻的草懶洋洋擺動牠的頭和尾巴，趕開許多蒼蠅。北風輕輕掠過那沙沙作響的竹林。而她，早晨在河濱好像林中女神，此刻在中午的寂靜中露出神聖的主母的眞切的仁慈。」

寫得何等生動。固然富於眞實性，實在也是很美的。

太戈爾的愛好自然，固然含着個「自然雖好，人事已非」的暗示；想從「印度自然界的可愛，」來激動民衆的復國思想。而他所表現的，並不以自然的描寫爲限。他也寫宗教，只是這裏的三篇，已經有了許多關於宗教的描寫。

在加爾各答路上中所寫的兩教衝突情形，一個十六歲的少女去救護一個受了傷的男子。「英雄美人，」好像就此可以結成一對佳偶，結果卻是挨罵挨打，毫不顧惜的被推開了，爲的是所信奉的宗教不同。這在我國人看了，實在可以慚愧；我們是，常常和尙道士一起做功課，可以「三教合一的」。

太戈爾的多寫宗教，也並不足怪；印度既是宗教之國，印度的作家，當然離不了宗教的描寫。

可是太戈爾，還有着嚴重的描寫：

「我毫不懷疑，爲了我的祖國，犧牲我的性命，乃是非常必要的。」

「我正忙着募捐來光復亡了的印度，所以這

消息——心愛的姑娘嫁給別人——似乎不值得放在我心上。

『我暗想，這正是我要做的工作了！憑着我的指導和鼓勵，我要訓練我的每一個學生，成爲印度未來的將車。』

這些話都是暗藏在無上的一夜裏的。在加爾各答路上的末一段，也很得力，『於是我張開眼睛來。霧已散了，山麓在晨光裏閃爍。英國的太太們坐在她們的人力車上出來了，英國的老爺們騎在馬背上。』

固然，太戈爾是老了，力量或者不夠，好像欠勇敢；不過他的心，並沒有忘掉使命。而且，我們應該明白，他在已亡的印度，發表作品是比我們更不自由的。

（轉載華年週刊）

「奧里昂的女郎」

碧瑤

小引

一衣帶水之隔的海島英國和大陸法國，世世結下了孽姻緣。剛剛訂了和約，聯了婚姻，不轉瞬又是兵戈相見。其中最有名的就是所謂「百年戰爭」（一三三七——一四五三）。

「百年戰爭」的原因，簡單地說不外數端：第一，農業有限的英國，欲佔有法蘭西以爲經濟資源，故英王愛德華第三借口其母爲法王菲力第四的公主，而要求承繼法國的王位。第二，法王菲力以旁支即位，頗欲建立勳功以自固；同時許多土地及商港，俱歸英人掌握，非收回無以鞏固經濟，成立強盛的國家。故一面援助蘇格蘭的叛亂，以削弱英國的國勢；一面欲奪取佛蘭德（今比利時地）諸港，以割斷英國的經濟路線。

一三三七年英軍侵入法境，戰事因而揭幕。爭持許久，到一三四六年愛德華第三與其子黑色太子（因常穿黑鎧故有此號）親自出馬，屢戰屢勝，掠取法國西北大部土地；一三五六年，黑色太子竟將法國國王約翰擄去。法國爲了贖回國王，割了大塊的土地並賠了絕大的款項。

後來法國貴族內鬨，布爾根黨（Burgundians）與奧里昂黨（Orleans）互爭權力，布黨投降英國，引導英兵深入腹地，承認英國幼主統治法蘭西。奧黨雖仍擁戴太子卡爾（後爲卡爾第七），但僅有奧理昂一隅之地；到一四二九年的時候，奧理昂且已四面被圍，法國命脈，危在旦夕。

可是就在這時，一個在憤恨中長大的牧羊少女約翰那（Janne Darc 有人譯作貞德），從僻遠的鄉村中崛起，以聖母神旨爲號召，聚集了一批人馬，憑着她的勇敢先登，一星期之間竟然解了奧理昂的重圍。歡忻雀躍的法國民衆，都崇拜她爲天神，尊稱她爲「奧理昂的女郎」。接着轉戰東西，收復了許多失地，揚鞭北指，仁斯（Reims 法國國王行加冕禮之城）望風而下，她便扶助長期間困頓的卡爾太子，在仁斯大教堂戴上他的王冠。

這一個新的蘇生的勝利的局面，對於法蘭西卻也不是完全好的影響。國王，教主，將軍，貴族，都想苟安下來，停戰議和的空氣非常濃厚。約翰那不願和這種卑怯的人同流合汚，她要完成她的收復法蘭西全土的志願，於是跨上她的戰馬，仍舊走上了征途；跟隨她而去的，只不過極少數勇敢而不浸沈於安逸的人。

不幸她在進攻巴黎的途中，以孤獨無援的單薄的勢力，被叛徒布爾根黨所擒。這批漢奸立刻把她送到英國兵營，英人爲發洩屢敗的恥辱與怨恨，用最野蠻，最殘酷的手段將她處置，一四三一年五月三十日，她被燒死於巴黎西北的盧昂；那時才僅十九歲年齡。

法國民衆受了這一深刻的刺激，誓以熱血向英國討回血債；義軍隨處蠭起，屢敗的英軍胆戰心寒。到了一四五三年，不得不完全退出法國的土地，回到他們因長期用兵而荒涼凋敝了的家鄉。

「百年戰爭」從此結束，牧羊少女的姓名，遠傳到了世界的盡頭。

正文

「奧理昂的女郎」，是一本爲這少女作傳記的戲劇；可是因爲是戲劇，故事的開展便不一定完全和事實一致。讀者讀過該書之後，自能發現牠的不同的地方，並可發現作者所以修改事實之故。

以少女約翰那爲題材的創作，非常之多；數得上稱爲世界文豪的，也有四個人寫過她。第一個人是沙士比亞，他在"Heinrich VI"裏面，對於這位祖國的敵人，罵作野蠻的妖婦。其次是伏爾泰（Voltaire），他是盧梭，孟德斯鳩同一時代人物，同屬於「革新文學」的鼓手。他在作品裏面雖不必正面鼓吹民權，自由，可是對於現存的宗教政治法律制度一切上層的建築，破壞無餘，所有上流社會的貴族僧侶，受盡了他的嘲笑怒罵，因此被人尊爲聖女的約翰那，也不能倖免，他在"La Pucelle"一篇喜劇裏面，也和沙士比亞同樣駡她爲妖婦。第三個人是席勒（Friedrich Schiller），他卻與上兩位文豪完全相反，不用嘻笑的喜劇形式而用嚴肅壯烈的悲劇；他在「奧理昂的女郎」裏面，以一顆灼熱的心傳出女郎崇高的德性。

爲甚麼席勒要用另一種眼光，另一種態度對付牧羊女郎？這固然與作者的個性有關，主要的還是時代和環境的影響。因爲這篇悲劇出世之日（約在一七九九——一八〇四年之間），正當拿破拿不可一世之時；這時席勒的祖國德意志，是被鎖在法國的羈勒之下。他極力讚揚這位民族解放的女英雄，實欲借以喚起民族之魂。所以後來參加反抗拿破侖戰事的德意志青年，都把「奧理昂的女郎」劇中的詞句當作歌唱。

於是我所以特別介紹這一篇戲劇。

現在摘錄幾段於下，以盡介紹的義務。當約翰那還在家鄉牧羊的時候，她說：

「這個國家應該亡？光榮的疆土，這個頂美麗的地方。永久的太陽臨照牠，牠是萬國的天堂！……

「凡是靜默的歡娛鄉，我永久撇開你們。散場罷，你們這羣荒野上的乳羊！你們現在是失掉牧人的一羣，因爲另有一羣，我必得去照應，就在那血染的疆場。……」

當她見到了太子，大主教的時候，她使陳述她的志氣：

「我不過是一個牧人的小家女兒，替我父親牧羊。從小時起我時常聽到過人家說起外族的島夷，他們已經渡海過來，要將我們做成奴隸。挾着異姓外族的主人翁來把我們勒逼，他是不愛百姓的，他們強據了我們的國土，佔領了都城巴黎。因此我哀求聖母，替我們把異族入主的恥辱一洗，把本族的君王留住！……

當一個擄來的英國軍官向她求命的時候，她說：

「這個國裏有多少母親無子，有多少嬌嫩的孩子無父，有多少新嫁娘孀居？這責任，你們負！也要英格蘭的母親們經驗經驗絕望，認識認識淚珠，法蘭西婦女們哭下來的淚珠。誰喚你們到異鄉來蹂躪田畝裏美滿的功夫，驅逐我們離開鄉土的羣居，把戰爭的火燄投向城市的清平聖區？……

當她被俘以後，一個英國將軍向她求愛（實在這人也是她心中所愛的）的時候，她說：

「你是我的敵人，我的民衆所痛恨的敵人，在你我中間，甚麼也不能通融。愛，我是愛不得你。然而如果你傾心於我，那就該遣隔我們的民衆。領走你的全軍離開我祖國的疆領，交出所有被你們征服的城市，賠償一切掠奪品，遣放俘虜，派出締結神聖和約的質人，我就在我的國王名下對你供獻和平。」

尾聲

我們承認文學有感人的力量，我們就不能不選擇讀物。在青年期間，倘然儘讀些纏綿旖旎的才子佳人，或荒唐悖謬的神仙鬼怪，必然使人神魂顛倒，壯志銷沉。倘然這時而抱了「少年維特之煩惱」去自殺；或對着林黛玉，茶花女終日陪淚，那簡直要給人駡然笑煞了。

「奧理昂的女郎」一書，雖則女主人英雄氣概太甚，過於高超卓絕，只見她一人的奇行，不見團體大衆的壯舉，與我們此刻的精神，似乎有點不合。但大體說來，牠那種民族意識的啟發，勇敢犧牲的激勵，對於我們的青年，尤其是對國事冷淡的少女輩，讀之總是無害有益。

至於關於這少女的眞實記載，史冊上不可多得，因此有人竟懷疑她僅不過是一種臆說，一篇神話。我們現在固不必管這是非，但以理而論：一個並不卑劣的民族，受人蹂躪數十年之久，決不至於沒有忠義之士起而奮鬥；不但男子，甚至女人。在內外隔絕的中國社會，尚且有殺入遼東的秦良玉，誰能說慣於跋山涉水的法國牧女之中，不能有約翰那呢？

觀於她的故事之能如此動人，足見一般人對於這等人物的愛好。倘然她不僅是一篇故事而是一樁事實，當然要感動萬千的羣衆，隨着她以共赴湯蹈火了。

附帶地說一句：前面所舉以她爲題材的第四個大作家，是英國的蕭伯納（Bernard Shaw），他做了一篇「聖約翰」（Saint Joan），在這劇裏面，他曝露了中世紀的教會，宗教裁判，封建制度的黑暗，對於平民出身的眞純的約翰那，給了不少的好意。從他自己常愛談社會主義這一點看來，可知這一篇比上面三位作者所寫的更與現代接近，可惜中國還沒有譯本。

再附帶地說一句：「奧理昂的女郎」的譯本是商務出版。

一九三八，八，一三。

野鴨（書評）

竺磊

易卜生著　孫煦譯　民廿七七月上海商務印書館出版　二一六面

年齒和經驗對於作家們的著作始終具有很大的影響。許多詩人或是戲劇家，在出產了大部作品之後，作風總多少有些改變，而這種改變的總傾向大半是趨於緩和，妥協，和諧。莎士比亞在他的早期作品中，無論是悲劇或是喜劇，都是努力走向極端：不是把一件事寫得慘得使人不忍卒讀，就是用他那極尖刻的筆鋒，把人生大加挖苦。可是等到這位詩人上了些年紀時，就好像暴風雨過去了似的，寫出了他的暴風雨。在那裏面充滿了和諧，充滿了老年人應有的氣質。我們常說「爐火純青」，或是「老成練達」；這都是生活和閱歷使然的。

同樣地，易卜生寫了野鴨。這齣戲的故事是：

歐克達中尉的家世可稱爲望著，曾同一位商人秉製作家名叫威利的共同在某地森林用不法的手段砍伐樹木，後來被官家發覺，二人皆被控。結果歐克達被處徒刑，而威利却宣告無罪。

許多年後，歐克達監禁期滿出獄，已是身敗名裂，爲社會所不齒。而商人威利，却飛黃騰達，一帆風順，發了一筆財，在上層社會圈裏過着很適意的生活。這期間，威利太太已經死去，他同她的女僕漢遜吉納發生了曖昧的關係。吉納在脫離了威利後，就嫁給歐克達的兒子耶爾馬，並且生了一個出身不明的孩子海蒂汶格。威利自覺過意不去，不該去棄了老友；二來對吉納也還抱着憐恤的舊情，便時常接濟歐克達父子。

耶爾馬是一個照像師，多年來積思于一種發明，想藉此一舉成名，可以揚名顯親，以恢復家庭的固有地位。不料在這時，不幸的事件發生了。威利的兒子格雷格斯，一向抱着很大的理想，因爲看不慣他父親又要結婚的行爲，便從家裏出來，搬到歐克達那裏去住。

是他，把一切的事情都告訴了耶爾馬；是他，一下子揭開了多年來的隱秘。這使年青的耶爾馬感到羞憤，便立意要離開他的妻子同女兒海蒂汶格，要同老歐克達出去另開始一個新的生活。

然而格雷格斯的用意並不在於破壞，他想把一切虛僞推翻後，再建設一個新的基礎。所以勸海蒂汶格把她那是心愛的野鴨殺死，以證明她對父親的眞愛。海蒂汶格在興奮的心情下，便自殺以謝父親。格雷格斯看到了這悲劇之後，才開始明白了命運。

這裏面的「野鴨」的故事是這樣的：

老歐克達從前在森林中狩獵，後來出獄之後，因爲「不甘寂寞」，便在家裏的後樓上自己造了一座森林，用幾株聖誕樹做樹林，幾隻家畜當做野獸。這隻野鴨，是威利先生獵得的，輾轉為老歐克達所得，便把牠畜養起來。本書的譯者孫煦先生在本書序裏有這樣一段話：

『野鴨本是一種海闊天空的生物，翱翔在大自然之中，是多麼的逍遙自在，但是被人養在一個窄狹的後樓裏，牠不僅能夠活下去，而且久而久之，還能發育滋長；這表示一種不自然的生活如何把原來自然的性質摧殘殆盡。而反過來把不自然的生活當作自然生活了。推而廣之，人類在社會以內亦復如此，現實環境的力量往往使一些懷抱高尚理想的人，逐漸的與現實妥協，到了後來反而把黑暗的現實當作他理想的樂國。環境的力量之難於抵抗，和不自然的生活之如何抑壓人情，這便是易卜生在野鴨中所要表達的中心思想，……。』

有點奇怪，是不是？易卜生的問題劇來以極強烈的個人主義著稱。如在娜拉中，他把女主人領出家去；在羣鬼中，把一個不肯照娜拉那樣做的女人的下場寫得孤苦伶仃，而其主旨還是在暗示着娜拉之應出走。就是在國民公敵裏，他還固執地要正義者堅持到底。可是在不久的幾年後，却寫出了野鴨這樣的一本戲，裏面充滿了宿命的觀念！其實這並不足驚異。還是那句話，年齒同經驗的變了他的人生觀，使得他不能不把那些高尚的理想拋開一些。我們也可以說：在從前，易卜生所見的只是人生的一小部分，到了野鴨的時候，他的觀察不但更深，而且更廣了。在這裏所表現的並不完全是「宿命」論，而應該說是「生命」論。這雖不如娜拉或是國民公敵來得火熾，蓬勃；然而都已走進了希臘悲劇所謂淨化的階段裏去。

劇裏的格雷格斯，很有好多地方是易卜生的化身。這正如國民公敵裏的司鐸門醫生，是作者的代表一樣。所不同者，僅是易卜生自己已經消失了火氣，所以他才把格雷格斯寫成一個只圖理想不顧實際的人，所謂「自嘲」的便是。

可是無論如何，易卜生還多少保留了些他的固執，所以不能像莎士比亞那樣「正式妥協」。

以上專就原著，下面再談譯本。

這本書是一個重譯。然而，感謝天，幸虧我們有這個重譯。從前有人譯過野鴨。野鴨本身已經夠難懂的了，可是經過這位譯者的手筆，簡直更令人撲朔迷離，莫知所從。一開幕：

彼得生（點燈放在烟突處加上一罩） 聽他們，濟生！現在這老人扶着沙倍夫人在他的腿上閒談呢。

沙培夫人是威利先生的情婦（孫譯作索爾皮夫人。）把她扶在腿上閒談固無不可。如此放浪形骸，固然在西洋人也許很不算回事；然而擺在我們面前「景」，是宴會剛過的會客廳，根據亞卻夫人(Mrs. Frances Archer)的英譯本，這句話是：

Petterson [*Lights a lamp on the chimney-place and places a shade over it*] Hark to them, Jensen! now the old man's on his legs holding a long palvaver about Mrs. Sõrby.

好像我不應該把問題扯得這末遠，又來算十幾年前的舊賬。然而我所要證明的，只是這本重譯的確不是浪費。

不過，翻譯劇本要有兩層顧慮：不但要人看得懂而已，還要能夠使演員上口。孫先生這本書，第一步雖已作到，第二步還未能完全滿意。例如「作興」（也許），「慈愛的父親」，而許多不便一一列舉的語句等等，似乎都應該再加修改。

這並不是苛求，因為聽說孫先生在動手翻譯易卜生全集。

這實在是一種需要。過去雖曾有人翻過好幾部易卜生的戲，出版了好幾本易卜生集。然而要把它們拿來排演的話，至少有一大半需要導演重新刪改。孫先生旣有這樣的重譯計劃，我們才敢有如此的希望。

翻譯成中文的劇本，好的很少。因爲這需要譯者對國語和演劇兩方面，都有相當的修養。幾本比較不錯的，是陳綿譯的茶花女，復活，牛大王，情書等。我們希望將來的易卜生全集至少能夠得上這幾本書的標準，便更不是浪費了。

我覺得野鴨不是一個新的分離，而是完成。的確它劃出了作者到那時止的成就的最高峯。唯一能同它相擬的是群鬼；誰能不覺得這部較後的作品中的更大的豐富，深湛，柔美和變化？總之，它給了我們生活中較大的一片斷。

—William Archer

附表

史料信息详表

篇名	作者	期刊名称	卷	期	页码	出版日期
关于章译《忏悔录》之商榷	徐霞村	新文艺	1	4	14~16	1929年12月25日
古有成翻译的《加力比斯之月》	钱歌川	图书评论	1	5	39~45	1933年1月1日
伍光建译《洛雪小姐游学记》	梁绣琴	图书评论	1	11	83~89	1933年7月1日
罗牧译萧著《人与超人》	张梦麟	图书评论	1	11	97~102	1933年7月1日
再评伍光建译《洛雪小姐游学记》	叶维	图书评论	2	3	39~53	1933年11月1日
《寂寞的人们》	培良	青春周刊	3	2	18~21	1933年12月25日
读《萨芙》	羊角	知己旬刊		A5	14	1934年1月20日
伍译的《侠隐记》和《浮华世界》	味茗	文学	2	3	558~561	1934年3月1日
读世界文学名著《医学的胜利》有感	鹃声	医事公论		12	18~19	1934年4月1日
读世界文学名著《医学的胜利》有感（续）	鹃声	医事公论		13	21~24	1934年4月16日
读世界文学名著《医学的胜利》有感（二续）	鹃声	医事公论		14	18~22	1934年5月1日
伍光建译《约瑟安特路传》	叶维	图书评论	2	1	11~26	1934年7月1日
读了《娜娜》以后	钱台生	商务印书馆出版周刊		新84	15~19	1934年7月7日

续表

篇名	作者	期刊名称	卷	期	页码	出版日期
《娜娜》	马宗融	文学	3	2	631～634	1934年8月1日
《英雄与英雄崇拜》	张载人	中国革命	4	9	16～18	1934年9月17日
关于《娜娜》与《屠槌》的译文	王了一 马宗融	文学	3	5	1091～1093	1934年11月1日
《淑女》	子雨	青春周刊	3	14	165～168	1934年11月5日
周作人氏所译的《黄蔷薇》	何植三	浙江青年	2	1	1～6	1935年11月
《屠槌》	大灾	华年	4	48	955～956	1935年12月7日
《浮士德》	方开	华年	4	49	976	1935年12月14日
《黑暗之势力》	钦文	华年	4	50	994～995	1935年12月21日
《托尔斯泰自白》	许钦文	华年	5	6	107～108	1936年2月15日
人类前史底谑画《企鹅岛》	胡风	文学	6	3	483～488	1936年3月1日
读了玻德的《帕利小姐》	蒋逸霄	华年	5	11	205～207	1936年4月25日
《孤女飘零记》读后感	吴杰	华年	5	22	416～418	1936年6月6日
《正义》	蒙度	华年	5	26	497～498	1936年7月4日
介绍《饭桶生涯的片段》	蒋逸霄	华年	5	30	576～578	1936年8月1日
评《傲慢和偏见》的两个译本	顾献梁	国闻周报	13	33	43～50	1936年8月24日
介绍《红袍》中译本	马宗融	作家	2	1	283～289	1936年10月16日
哥德的《浮士德》	陈捷	商务印书馆出版周刊		新204	7～8	1936年10月24日
《我的家庭》读后感	王世瑄	华年	5	42	816～818	1936年10月31日
《夏天》	王象尧	集纳	1	1	10～11	1937年2月1日
《法兰西短篇小说集》	钦文	华年	6	13	258～259	1937年4月12日
辛克来的《文丐》	钦文	华年	6	18	357～359	1937年5月17日
《一个逃兵》	钦文	同行月刊	5	4/5	16～20	1937年5月25日
《西班牙短篇小说集》	钦文	华年	6	21	417～419	1937年6月7日
伍译《印度短篇小说集》	钦文	同行月刊	5	6	22～26	1937年6月25日
《奥里昂的女郎》	碧瑶	上海妇女	1	9	12～13	1938年8月20日
《野鸭》	竺磊	燕京文学	2	4	10～12	1941年5月1日